言葉かけから見直す

「不適切な保育
脱却のススメ

保育者の意識改革と
園としての取り組み

菊地奈津美・河合清美 編著

中央法規

はじめに

「不適切な保育」をめぐる報道を受けて

●ニュースだけの話ではない「不適切な保育」のリアル

　2022（令和4）年11月末、保育士による園児への虐待事件が大きく報道され、その後も不適切な保育に関する報道が相次ぎました。あり得ない、そんなことをする保育者がいるの？　と耳を疑うような事例もあれば、このくらいのことは多くの園で起こっているのでは？　と思うような事例もあったのではないでしょうか。

　子どもをカッターナイフで脅すなど、明らかに「虐待」と思えるような事例は聞いたことがありませんでしたが、真っ暗な部屋に連れて行く、子どもの腕を引っ張る、食事を無理やり詰め込むなどの保育については、私自身も見たり聞いたりすることがありました。

　不適切な保育について、実際の現場でどう感じているのかと、現役の保育者十数名に聞き取り調査をしたところ、言うことを聞かない子に対し、大きな声でどなる、保育室の外に出す、お気に入りの子をひいきする……そのような保育が、虐待報道が話題になった後でも日常的に行われているという事例をたくさん聞きました。問題意識をもっている保育者に聞き取り調査を行っていますので、よりよい保育を探究している園もたくさんあるでしょうし、今回の虐待報道を受けて、保育を見直し改善しようとしている園もたくさんあることと思います。しかし同時に、不適切なかかわりが日常化している園も少なくないように感じました。

●保育現場の実情

　こうした不適切な保育については、現場の人手不足や配置基準の低さ、低賃金の問題と一緒に語られることが多くあります。現場では、予想のつかない行動をすることもある子どもたちを、少ない人数の大人で見なくてはいけません。海外に比べて配置基準の低い幼児クラスはもちろんのこと、乳児クラスであっても数秒たりとも気を抜く暇はありません。けんかを止めに入ったと思えばまた違うところでけんかが起こ

り、解決したと思えば今度はお漏らしがあり……。加えて、求められる保育の質、保護者対応の重要性、書類ばかりが年々増しているのが現実です。

　最近では、経営努力などによって、配置基準よりも多く保育者を配置する園が増えてきてはいますが、経営が厳しく、手厚い配置を実現できている園は多くはないでしょう。現場では余裕がない中、休憩をとることもままならないような中でも、子どもたちのためにと懸命に頑張っている保育者たちがたくさんいるのです。

●国や行政が改善すべき問題も多い

　こんなに多くの子どもたちを見ている現場で、不適切な言葉かけやかかわりをせずにどうやって保育をするのだ、自分には無理だ！　という意見もありました。不適切な言葉かけをしたいわけではないけれど、すんなりと言うことをきくわけではない子どもたちの安全を守り、生活していかなくてはならないという現実の中で、ある程度叱ったり厳しく伝えたりしないと保育なんてできっこないというのです。だからといって、保育の専門職として不適切な行為をしていいわけではないのですが、子どもたちのためにと懸命に頑張っている現場からのリアルな心の叫びのように聞こえました。

　また、不適切な保育をしていると周囲は感じていても、保育者不足という現状の中では強く指導をすることができない、十分な研修を受けさせたり話し合いをしたりする時間がもてないといった課題も見えてきました。

　そういった意味では、配置基準の問題や保育の人手不足、待遇面の改善など、国や行政が改善すべき問題は大いにあるでしょう。子どもの人間形成に極めて重要な時期といわれる乳幼児期の大半の時間を過ごす保育所という場所で働く保育者が疲弊し、不適切な保育が行われる状況が生まれているとしたら、不適切な保育を脱却するためにすぐに改善すべき問題であるということは、声を大にして伝えていきたいと思います。

　しかし、国のせい、制度のせいばかりにしていては、なかなか前に進むことはできません。保育者として、組織として、不適切な保育を脱却するためにすぐにできることはないか模索していかなくてはいけないと思います。

自覚のない不適切な保育

●「良い子」を育てるのが保育士の役割？

　私自身の保育を振り返ると、特に新人保育士だったころは、不適切な保育をしていたなと思います。「言うこと聞けないならこのお部屋にはいられないよ」と、保育室の

外に出したり、「それなら赤ちゃん組に行きなさい」と、ひと学年下のクラスに連れて行ったり……。食事をなかなか食べ切れない子は、1時間ほどの時間をかけて、最後まで泣きながら食べさせていた、ということもありました。

　先輩たちもそうやって保育をしていましたし、そうやって保育をしていると、子どもたちは苦手なものでも食べるようになったり、片づけをするようになったりして、保育がスムーズに進みます。**子どもたちを「良い子」に育て、保育をスムーズに進めていくことが保育士としての仕事だと思っていた私は、「言うことを聞きなさい」「良い子にしなさい」と子どもを怒り、言うことを聞かせるために一生懸命不適切な保育をしていたように思います。**

　不適切なかかわりは、子どもたちを「良い子」に育てていくために大事なこと、どれも必要な指導であると思っていたのです。子どもたちのことは大好きでしたし、信頼関係も築けていたと思います。しかし、特に生活場面や活動の切り替え時は、プンプン怒って保育をしていたように思います。**いつもは優しいけれど、怒ると怖い先生だと子どもたちは思っていたことでしょう……。萎縮しながら過ごしていた子もいたかもしれません。**

　人員配置の厳しさや、保育者としてのスキル不足もあったと思いますが、当時は一生懸命で、**不適切な保育をしているという自覚はまるでなかった**というのが正直なところです。

● 私、脅して保育をしている？

　ある研修で、子どもたちに「○○できなかったら、△△させないよ」と、子どもを大人の意図に合わせて動かすのは、脅して保育をしているのと同じだ、良い保育ではないと言われました。おどして保育をしている自覚なんてまるでなかった私ですが、**「片づけしないならご飯あげないよ、先生が食べちゃうよ」**そんなふうにして保育をしていましたから、それを「脅しだ」と言われ、自分は子どもを脅して保育をしていたのか、尊敬している先輩たちの保育も良い保育ではないということ？　と大きなショックを受けました。

　しかし当時の私は、子どもたちをまとめていくために、「怒る」「脅す」という手段しかもっていませんでしたから、どうしたらよいのかがまったくわかりませんでした。言うことを聞いてくれない子どもにどう対応すればいいの？　笑顔で「ご飯だよ〜」なんて言ったところで、みんな片づけなんてしてくれない。**そんなきれいごとで保育なんてできないでしょう**と、怒りに似た感情が湧いてきたことを覚えています。

その後、保育の本を読んだり研修を受けたり、いろいろな先輩の保育を見たり、他園の保育者と交流し意見交換をしたりと保育を学ぶようになり、「怒る」「脅す」ではない、子どもたちの意欲を引き出す声かけ、かかわり方を学んでいきました。保育をスムーズに進めることや、大人の言うことを聞ける良い子に育てることが大事だと思っていた私ですが、そうではない、保育において大事なことも少しずつ学んでいきました。

とはいえ、保育はそう簡単ではありません。子どもの思いを受け入れすぎてカオス状態になることもあれば、やっぱり大きな声で叱らないと伝わらない！　と子どもを叱ることもありました。仕事終わりの帰り道に「ちょっと言い方強かったよな」と反省したり、「ちょっと今日は甘すぎたなぁ、これは甘やかしだろうか」なんて悩んでみたり、子どもに「言い過ぎたよね、ごめんね」と謝ったり……そんな日々を繰り返しながら、良い塩梅を体得していったように思います。

「不適切な保育」とは？

●難しい不適切の線引き

ところで、そもそも「不適切な保育」とは何でしょう…。人と人との目には見えない関係性の中で行われていく保育の世界において、線引きをはっきり示すことは難しく、人によって、園によって捉え方もさまざまであるため、「不適切な保育」自体を語ることに少々難しさを感じています。

さまざまなところで言われている「不適切な保育」の事例を見ていると、こんなことも不適切にあたるの？　と思うような事例もあり、ではこのかかわりも不適切？　不適切ではない望ましい保育とは？　と、どうしてよいのかわからなくなることさえあります。強い言い方をしなければ不適切ではない、子どもの意見を聞いていれば適切である、という単純な話ではありません。時には真剣に子どもに語りかけることも必要でしょう。子どもの思いを聞き入れすぎて、何でも好き放題となってしまうようでは、かえって不適切な保育になってしまうようにも思います。

●遠くの話ではない「不適切な保育」

2023（令和5）年5月には、こども家庭庁から「保育所等における虐待等の防止及び発生時の対応等に関するガイドライン」が出されました。このガイドラインでは、保育所等における虐待について、下記のように明文化し整理されています。
〇まず、保育所等における虐待とは、保育所等の職員が行う次のいずれかに該当する

行為である。また、下記に示す行為のほか保育所等に通うこどもの心身に有害な影響を与える行為である「その他当該児童の心身に有害な影響を与える行為」を含め、虐待等と定義される。

1 身体的虐待：保育所等に通うこどもの身体に外傷が生じ、又は生じるおそれのある暴行を加えること。

2 性的虐待：保育所等に通うこどもにわいせつな行為をすること又は保育所等に通うこどもをしてわいせつな行為をさせること。

3 ネグレクト：保育所等に通うこどもの心身の正常な発達を妨げるような著しい減食又は長時間の放置、当該保育所等に通う他のこどもによる12又 は4までに掲げる行為の放置その他の保育所等の職員としての業務を著しく怠ること。

4 心理的虐待：保育所等に通うこどもに対する著しい暴言又は著しく拒絶的な対応その他の保育所等に通うこどもに著しい心理的外傷を与える言動を行うこと。

　また、虐待等であるかどうかの判断がしづらい場合もあるとした上で、各行為類型の具体例も示されましたが、同ガイドラインの中では、不適切な保育の具体例については言及されていません。不適切といえるのかどうかの線引きは状況等にもよるので、一概に判断できるものではないでしょう。しかし、私がやったり見たり聞いたりしてきたような「ご飯を押し込む」「部屋の外に締め出す」「他のこどもとは著しく差別的な扱いをする」等の行為が、同ガイドラインに「保育所等における、職員によるこどもに対する虐待」として載っていることを思うと、「不適切な保育」は遠くの誰かがやっている恐ろしい保育ではなく、子どもたちのことを思い、一生懸命に保育をする現場でも少しエスカレートすればすぐに該当してしまう身近なものであるように思えてなりません。

　保育現場に立つ人で、**最初から子どもを叱ってやる！**　なんて思っている人はきっと一人もいません。子どもの人権を尊重しないかかわりを望んでいる人もいません。今、毎日子どもを脅し、不適切と思われる保育をしている保育者だって、きっと最初は、かわいくて愛おしい子どもたちと楽しい日々を送りたい、そう思って保育現場に来たはずです。実際の現場は忙しく、思うようには動いてくれない子どもたちにイライラしたり、もどかしく思ったりすることもあるでしょう。それでも時間に合わせて動かなければならず、さらには大きなけがをさせないように、事故を起こさないようにと、1秒たりとも気を抜くことができない中で懸命に保育をしています。余裕がなくなってしまうと、感情的になってしまうこともあるかもしれません。思うように動かない

子は悪い子であるように感じ、言うことを聞かせようと強い言動や行動をとるようにもなるでしょう。それが常態化していくと、子どもは大人に従わせる存在であるかのように感じ、人権の意識が薄れ、不適切といわれるかかわりや虐待が蔓延していくように思うのです。昔の私がそうだったように、きちんと言うことをきく「良い子」に育ててあげなければと一生懸命子どもを脅し、叱っている人もいるのかもしれません。

●よりよい保育を目指して

そこで本書では、子どもたちを良い子に育てたい！　子どもたちのために教えていかなくてはいけない！　クラスを頑張ってまとめなくっちゃ！　そんな気持ちで一生懸命保育をする中で起こりがちな、「園児が不安になるような言動をして、保育者の思うように従わせる保育者主体の保育」に主に焦点を当て、現場での現状を整理した上で、不適切な保育を脱却していける道筋を模索していきたいと思います。

自身の保育を、または同僚や仲間の保育を、もっと良くしていきたい、もっと改善できるはず、と希望をもってこの本を手に取ってくださったであろう読者の皆さまにとって、本書が少しでもそのヒントになれば、これほど嬉しいことはありません。不適切な保育を改善していくには、おそらく少し時間がかかるでしょうし、パワーも必要でしょう。さまざまな人の思いが絡み合う保育現場では、一筋縄ではいかないことが多いだろうと思います。しかし、とても大事な乳幼児期を保育者と一緒に過ごす子どもたちの健やかな育ちを願わずにはいられません。向上心あふれる皆さんと一緒に、さまざまな角度から、より良い保育を目指し模索していきたいと思います。子どもたちが健やかに育っていける愛情豊かな保育業界を一緒につくっていきましょう。

こどもの王国保育園　西池袋園
園長　菊地奈津美

CONTENTS

就業規則への位置づけと対応

保育室へのカメラの設置

もしものときの報告窓口を設ける

「しない・させない・許さない」というメッセージの発信

不適切な保育を生まない環境づくり

第 1 章

実は身近な
「不適切な保育」

よくありがちな不適切な保育なワンシーンを紹介し、ではどうしたら
よいか、保育のポイントを提示してみました。

トイレへ行かない子は、
お散歩に行けません!

どうして言うことがきけないの?

　午前中の散歩に行く際、散歩先で漏らしてしまうかもしれないから、出かける前にトイレを済ませておいてほしい。特に2歳児を担当した経験があれば、こう思ったことがある人が大半ではないでしょうか。お漏らしをしてしまいがちな子、布パンツへ移行した直後の子であればなおさらです。

　そこでトイレに誘います。「これからお散歩に行くからおトイレ行って来てね」それですんなりトイレに行ければよいのですが、「行かない」「出ない」と子どもたちは主張します。このタイミングでトイレに座ればだいたい成功できるという子や、何度も散歩先でお漏らししている子でも、「出ない!」と主張することがあるでしょう。自己主張が強い年齢でもあるので、よくありがちな子どもたちの様子です。

　しかし保育者は、「トイレで排尿することを知ってほしい」という願いや「漏らしてその子が恥をかかないように」「お漏らしの対応に手がとられて保育が手薄になり、安全を守れないという状況を作らないように」などの理由から、子どもたちのために、散歩前にはトイレに行かせないといけない！　と一生懸命になったりします。

　「えー、おトイレ行っておいでよー」とちょっとにこやかに言ってみたり、「この前それで漏らしたでしょう？」と真面目な顔で説得しようと試みたりしても、子どもたちはなかなか言うことを聞いてはくれません。もう、あなたのためにトイレに行っておいでと言っているのに！　どうして言うことが聞けないの？　そんな気持ちが湧いてくると、だんだんと言葉がきつくなったり声が大きくなったりしていきます。

　それでも聞かない子がいると「早くトイレ行ってきなさい！」と大声で言ったり、「トイレに行かないとお散歩には連れていきません」と罰を与えるような言い方をしてみたり、「トイレに行かない子は、オバケに連れて行かれちゃうよ！」と脅してみたり……という声かけに発展してしまうことがあります。トイレに行かせなくては！　と一生懸命になればなるほど起こりがちな不適切な保育のひと場面です。

子どもの“今”の姿にとらわれてしまうと……

　余裕がない中で保育をしていると、見通しをもった子どもの育ちではなく、“今”の姿に気持ちが向いてしまうことが多くあります。例えばトイレットトレーニングであれば、排泄が自立していくことが目的であるにもかかわらず、「今日はお漏らしをしないように」と願ったり、「散歩の前にはトイレに行かせなくてはならない」と思ったりするなど、“今”に必死になり、何としてもトイレに行かせなくてはいけないとなってしまうのです。

　私も、保育者1年目、2歳児を担任していた時はまさにこのような気持ちで、子どもたちをトイレに行かせようとしていました。排尿感覚はどう育っていくのかという見通しや、トイレの成功や失敗を通して自信がつくこともあれば失うこともあるという心の部分はそんなに深く考えておらず、今日お漏らしをしないようにするにはどうしたらよいか？　を常に考えていましたから、ちゃんとトイレに行ってほしいと願っていました。ちゃんとトイレに行かせるということは、保育者としてやるべきことだと思っ

ていました。そして、言うことを聞いてもらうためには、優しく伝えるだけではダメで、強く言ったり怖がらせたりしないといけないことがあるとも思っていました。

　決して怒りたいわけでも、怖がらせたいわけでもありません。ただ言うことを聞かせるためにはそのくらいしないといけないと思っていたのです。ですから、**不適切な言い方をするのは必要なこと**、子どもたちが言うことを聞かないのだから仕方ないと思って、大きな声、怖い表情で行動を促したり、脅すような言い方をしたりしていました。

　子どもの気持ちよりも、言うことを聞けているのかという"今"の姿に目が向くようになっていくと、だんだん人権の意識も薄れていくのかもしれません。言うことをすんなり聞いてくれる子もいますから、言うことをすんなり聞かないこの子が悪いという気持ちになり、言い方やかかわり方がエスカレートしていきます。言うことを聞かせるために少し怒るくらいは当たり前、それでもなかなか聞かない子は腕を引っ張って促す、泣いていても無理やり力づくで連れて行く、トイレに行かないなら散歩に連れて行かず置いていく、ということに発展してしまうケースもあるようです。

なぜ子どもはお漏らしをするのか

　特に2歳児前後で多いトイレに関するやりとり。大人は自分で排尿のタイミングをある程度コントロールができますが、子どもたちの感覚はまだ育っていません。日本小児泌尿器科学会のホームページには、2・3歳になると尿をまとめてしっかり出すことが可能になるが、尿意を感じたとたんに反射的に膀胱が縮んで、勝手に尿が出てしまうため、おむつが必要であると掲載されています。この反射的な収縮は、本人の意思では止めることができず、大人と同様に、無意識のうちに反射的排尿を抑える神経が脳から膀胱に働くようになる排尿機能の発達には個人差がある。早ければ3歳で完成するが、遅ければ7・8歳になってもまだ完成しないこともあるとのことです。

　こうして身体の発達について考えてみると、排尿に失敗して漏らしてしまうことはよ

くあることであり、その子の意思によって改善できるものではない可能性があることがわかります。怒られてトイレに行ければ、排尿の感覚をつかむことができるようになるわけでもないですし、お漏らししたことを責められて、次は気をつけようと思っていたとしても、自分の意思とは関係なく身体が反応して失敗してしまうこともあるわけです。「出ない」と思っていたのに、その直後に我慢できずに漏らしてしまうこともあるかもしれません。出そう！　と思ってトイレに行ったのに出ないということもあるかもしれません。そういうことを繰り返しながら少しずつ排泄の感覚を身につけ、排尿機能が発達し、排泄が自立していくのですね。

トイレで排泄する心地よさを感じてもらおう

　そう思うと、保育者が頑張ることは「今、トイレに何としても行かせること」や、「今日の散歩でお漏らしをしないこと」ではないのかもしれません。もう少し先を見据えて、排尿に成功したり失敗したりしながら感覚を知ること、トイレで排泄する心地よさを感じること、トイレで排泄する習慣を身につけることなどが大事なのではないでしょうか。

　大人に怒られてトイレに行って、たとえ漏らさなかったとしても、排尿の感覚が自分ではよくわからず、トイレに行くことが苦痛な時間であり、できることならトイレになんて行きたくない、先生がいないところではトイレになんか行かない！　となってしまっては本末転倒です。自分の意思だけではコントロールできないにもかかわらず、失敗をしたら怒られ、自信をなくし、自尊心が下がってしまうということも起こり得ますから、保育者は気をつけなくてはいけません。

自分で「行ってみよう」と思える工夫

　では、子どもが「トイレに行かない」と言ったら「行かなくていいよ」と受け入れればよいのでしょうか？　子どもの意思を無視して無理やりに強要することは不適切ですが、何でも子どもの言うとおりで、子どもの自立や意欲を育むことを考えないかかわりもまた不適切といえるのではないでしょうか。

　自分の意思で「トイレに行ってみよう」と思い、繰り返し座るうちに排尿に成功し、嬉しさや心地よさを味わい、習慣となるようにしていくことが大切です。そこで保育者が考えないといけないのは、どうしたらトイレに行ってみようという気持ちになるか？　です。無理やり連れて行かれる、先生が怖いからトイレに行くのではなく、自分で「行ってみよう」と思えるように工夫をします。

　例えば、トイレに動物や大好きな新幹線、キャラクターのイラストを貼っておき、「くまちゃんに会いに行こう～うさぎさんもいるかも？今日はどっちのトイレに座る？」と声をかけてみるのもよいでしょう。「おトイレまで競争だ！」とトイレに行くことがゲームのように楽しくなるかかわりもよいかもしれません。「おトイレ行きの電車でーす。出発します、乗ってくださーい」と手を肩に乗せ、電車ごっこのように並んで行くのも楽しそうですね。トイレへと続く廊下の床にビニールテープの線路を付けておいたら、子どもたちが喜んでトイレに行くようになったという話もあります。

　どうして行きたがらないのか、子どもの気持ちを考えることも大切です。トイレが寒くて暗くて怖い場所となってしまうようであれば、便座が冷たくないように工夫をしたり、電気や装飾で明るい雰囲気を作ったりすることも必要でしょう。

　また、「トイレに行けた」という喜びを実感できるように、トイレに座れたらシールを

貼るということも効果的です。最初は「シールを貼りたいから」という外的動機でトイレに向かいます。この外的動機づけは多用しすぎないほうがよいとは思いますが、そうやって何度かトイレに行っているうちに、排泄に成功し心地よさを感じ、トイレで排泄する習慣を身につけられればよいでしょう。

　言葉のかけ方ひとつでも、子どもの反応は変わります。トイレに誘っても「出ない」

と言っていこうとしない子には、「出なかったら戻っておいで」「出なくてもいいよ、座ってみてね」と伝えると、トイレに行ってくれることは多いです。本当に出なければ「出なかったね」でいいし、出たら「トイレに行っておいてよかったね」と声をかけます。今日トイレに行けなくても、「また明日行こうね」「行きたくなったら教えてね」と次につなげる声かけをするだけでもよいかもしれません。また、排尿の感覚を知るためには、失敗することも大事な経験と捉えておくことも大切です。お漏らしが起こらないように……と頑張る保育者もいますが、お漏らしは起こるものという前提で保育をすると保育者の心持ちが変わります。

　散歩先で、保育室で、ホールで、園庭で……お漏らしが起こったらどう対応したらよいか、職員はどう動いたらいいのかの想定をしっかりしておき、もし漏れてしまっても「想定内」であれば、少しは落ち着いて対応できるでしょう。想定外であると「どうして今漏らすの？」「漏らさないでよ」という気持ちになってしまいます。

排泄が自立している子どもにはどうかかわる？

　ところで、排泄が自立した子どもへの対応となるとどうでしょう。排尿感覚を感じて、自分のタイミングで自主的にトイレに行くことを大切にしていく段階になれば、「出ない」と主張する子どもに、「トイレに座っておいで」という声かけをすることは不適切といえるでしょう。トイレの時間だから全員トイレに行きなさい、と一斉にトイレを促す指導も、子どもの発達を理解したかかわりとはいえません。子どもたち一人ひとりの育ちに合わせたかかわりが求められる保育の仕事の難しいところです。

　「言うことを聞かせよう」と頑張ってしまうと、こうした子どもの発達や、一人ひとりに合ったかかわりを考える視点が抜けてしまったり、見通しをもてずに今の姿ばかりに注目してしまったり、子どもの気持ちや意欲を考えないかかわりをしてしまったりということが起こります。不適切な保育を脱却していくためには、子どもの「今」の姿ばかりにとらわれず、少し先の「意欲」を大切に保育をしていくことが重要です。

食事場面の「不適切なかかわり」は？

　子どもたちの育ちの見通しをもつことや、意欲を大切にすべき場面は、トイレに限った話ではありません。例えば、食事場面だとどうでしょう。食事の場面では「今日

完食すること」や、「保育者の指定した量をきちんと食べること」を頑張らせようとするあまり、「もう食べられない」と訴える子に対し、「あなたの健康を守るためだから」と食べることを強要したり、無理やり口に詰め込んだり、長時間座らせて食べさせたり、という不適切な保育に発展していきがちです。

　2歳児のクラス担任をしていた時、泣きながら食べられないと訴えるNちゃんに対し先輩保育者が「これだけは食べなさい」「あと1口は食べなさい」と、少量ですが食べることを強要し、食べ終わるまで1時間以上も座らせていたことがありました。新人保育者だった私は、泣きながら食べさせられるNちゃんを見て気の毒に思いながらも、こうやって少しでも食べられるように育てていくことが保育者の仕事なのだと感じていました。そのため「もう食べなくてもいいよ」と言うのは保育者として子どもを育てることを放棄しているように感じ、泣いているNちゃんに「嫌なのはわかるけど、頑張って食べなさい」と心を鬼にしながら食べることを強要していました。

　シイタケがとても苦手なK君に、どうにかしてシイタケを食べられるようにさせてあげたいと、わからないようにご飯の下に隠して食べさせてみたり、お茶やみそ汁で飲み込ませてみたりしていたこともありました。今思えば、Nちゃんへの対応も、K君への対応も、目の前の「食べられた」ばかりを追いかけていて、食事が楽しいと思う気持ちや、自分から食べてみたいという意欲を引き出す大切さについてはあまり深く考えていなかったように思います。今日は食べられた、今日は食べられなかった、という結果を重視し、子どもの気持ちよりも、どうしたら食べられるのか？　に必死だったのでしょう。

ねらいをもって保育をしよう

　食事場面で保育者が頑張ることは「今日完食すること」や「今日シイタケが食べられること」ではないはずです。保育所保育指針や幼稚園教育要領、幼保連携型認定こども園教育・保育要領を開いてみると「完食させる」ということはどこにも書いておらず、食事を楽しむということがねらいとして設定されています。とはいえ、嫌なら

食べなくてよいよ！と受容しすぎるのも考えようです。今日食べられなかったとしても、いつか食べてみたくなるような声かけ、働きかけをしていくことが必要です。

　好き嫌いなく、マナーよく食べられるようになってほしいなど、保育者の「こうあるべき」という思いが強くなることが多い食事の場面では、以下のような不適切なかかわりが起こりがちです。

　食べ物や飲み物をこぼすと大きな声で怒る

　喋らずに静かに食べるよう指導し、楽しい雰囲気がまるでない

　まずは野菜から食べなさい、と子どもが食べる順番を選ぶことができない

　嫌いなものを無理やり口に詰め込む

　早く食べなさいと執拗にせかす

　「今日もまた残したの？」「これでは大きくなれないよ」などの言動で、子どもの気持ちを傷つける

　眠たくて食が進まない子に対して、大声で怒ったり冷水で顔を洗ったりして無理やり目覚めさせる

　保育者が決めた量を食べ切るまで、食事を終わりにさせない

　これらのかかわりでは、食事場面のねらいである「食事を楽しむ」という感覚を育むことはできないでしょう。好き嫌いなく食べてみよう、マナーよく食べたほうが気持ちよいという子どもの意欲や態度を育むこともできません。食事場面に限らず、どんな場面でも、子どもたちにどんな力を育んでいったらよいのかという「保育のねらい」をもっていないと、できたかできないかという、子どもの"今"の姿にとらわれ、不適切なかかわりに繋がってしまうことが多いように思います。

　例えば運動会や発表会では、見栄えを優先し、みんなで同じことができるようにと無理に練習させたり、年齢に合わない難しい演目をやらせようとしたりするようなことも起こります。子どもの育ちよりも、去年との出来栄えの差や園長の目を気にして、内容を考えたり練習をさせたりするという話もよく聞きます。専門性をもった保育者として、行事はもちろん、日常の活動も、声かけひとつをとっても、ねらいをもっていたいものです。

2
着替えができない子は、
赤ちゃん組に行きなさい！

｜ちゃんとできる子に育ってほしい

　着替えの場面では、不適切な声かけが多くなりがちです。1・2歳児前後の子どもは、着替えること自体が嫌なこともあるでしょう。着替え以外のことに気をとられてなかなか着替えに気持ちが向かず、遊び出したり、走り出したりすることもあります。「今は着替えの時間だよ！」「先にお着替えしてね」と声をかけてみても、子どもたちは着替えよりも魅力的な遊び等に気をとられているので、そう簡単に着替えを進めてはくれません。

　2・3歳児になると、こうした姿に加えて、お気に入りの服を脱ぎたくない、この服は着たくない、というこだわりが出てくるかもしれません。言葉もだいぶ通じるようになった2・3歳児であれば、「着替えないと汚いよ」「濡れたままだと風邪ひくよ」など

着替えの必要性について話してみますが、それよりもお気に入りの洋服を着ていたいという思いが強く、埒が明きません。

　このように子どもが言うことをすぐに聞かない姿や、主張をしてくる姿を「わがまま」と判断してしまうと、わがままを言わない良い子に育ってほしいという思いで、子どもの主張を受けとめず、大人の言うことを聞かせようと一生懸命に、不適切なかかわりをしてしまうことがあります。まさに新人保育士時代の私がそうでした。

　保育者の指示にはすぐに従わず、〜がしたい、〜は嫌だなどの自己主張をする子は、わがままな悪い子だと思っていました。そういう子を、ちゃんと言うことが聞ける良い子に育てなくてはいけないと思っていましたから、「そんなわがままは聞き入れません、大人の言うことをちゃんと聞きなさい」と怒り、言うことを聞かせるために「できない子は赤ちゃん組に行きなさい」などと言って保育をしていたのです。いわば、「しつけ」のような認識でした。

子どもに舐められてはいけない？

　着替え以外でも、片づけや朝夕の支度、散歩の準備を早くやってほしい、午睡時間は静かにしてほしいなど、ちゃんとやれるようになってほしい場面は日常の中にたくさんあります。やる気になるようにといろいろ言ってみてもやってくれず、どうにかしてやらせなければ、できるようにさせなければと指導に熱が入りすぎて不適切なかかわりに発展してしまうわけです。

　子どもたちの自立を促すためや健康を考えたうえでの対応でもありますが、そこには保育者の「子どもになめられてはいけない」という思いだったり、周りの保育者からの「あの先生は子どもたちに言うことを聞かせられるのか？」という視線が気になったり、「去年はあんなにできていたのに」というプレッシャーがあったりということもあります。

　言うことを聞かずに自己主張を通そうとする子は自分（保育者）のことを舐めている

と感じ、舐められないようにとさらに怖い顔で怖い言い方をして保育をしてしまうこともあるでしょう。怖い先生の言うことはきくけれど、優しい先生の言うことは聞かない、という子どもの姿もあるのでなおさらです。

　そうなってくると、ますます大人の言うことをきいてくれる子は良い子、聞いてくれない子は悪い子、と判断するようになり、言うことをきいてくれる「良い子」をひいきするような形で、他の子と比較してほめてみたり、お気に入りの子ばかりを抱っこしたりかわいがったり、「推し」と表現してみたり、言うことを聞かない子に罵声を浴びせたりということに発展することがあるようです。

　保育所は集団で生活する場であり、ある程度、食事や午睡等の時間が決まっているため、大人の指示に従ってくれなくては困る場面があります。しかし、そのために怒って言うことを聞かせ、子どもたちの自尊心を傷つけたり自信をなくしたりする声かけをしてよいはずはありません。自分の考えを主張してくる子を「悪い子」としたり、「お気に入り」を決めて子どもを差別的に扱ったりするなんてもってのほかです。

これで解決！

「ついやりたくなっちゃう」しかけを考えよう

　では、やってほしいことがあるのにやってくれない時、どうすればよいのでしょうか。不適切な保育を脱却するポイントは「やらせる」のではなく、「ついやりたくなっちゃう」しかけを考えることです。無理やりやらせるのではなく、子どもたちの意欲を引き出し、「ついやりたくなっちゃう」環境やかかわり方の工夫を考えていくとよいでしょう。

　私が2歳児を担任した時、保育者の話をまったく聞かずに好き放題に行動しているRくんがいました。紙芝居の読み聞かせの時には室内を走り回り怒られますが、よく観察していると、大好きな乗り物が出てくる紙芝居を読むときだけは、必ず一番前に座って静かに聞いていたのです。言うことを聞かずに走り回る子どもがいけないと思って、Rくんのことをいつも怒っていた私でしたが、Rくんが聞きたいと思える工夫ができていない自分に課題があるのかもしれないと感じた出来事でした。

　子どもに無理やり言うことをきかせて良い子に育てるのではなく、子どもの意欲を引き出す工夫をするのが保育者の仕事！　子どもによって、「やりたい」と思えるポイントはさまざまですから、あの手この手で意欲を引き出す工夫をしていかなくてはいけません。

おすすめは、ほめほめ実況中継。「Aちゃん選手、着替えを始めましたーお、早いです!!　Bくん選手は服を畳んでいます、何て綺麗に畳むのでしょう、すごいです!!　Cちゃん選手はお洋服に手をかけようとしています、お着替えするのでしょうか??　Dくん選手はまだ遊んでいるようです。いつお着替えを始めるのでしょうか～」と

いった具合です。2歳以上では面白がってやってくれることが多く、片づけ場面でやっても楽しめます。

　歌を歌うこともおすすめです。コンコンと言葉で「〇〇しなさい」と説明するより、季節の歌でも歌いながら洋服を差し出すと、服に頭を入れさせてくれたりするものです。「Aくん、お着替えしてほしいなぁ～赤色のTシャツ～♪」など適当にリズムをつけて歌ってもいいかもしれません。マジシャンのように「今日のAくんのお着替えを当ててあげよう～～うーーーーん、消防車の描いてある赤いTシャツ!!」なんて言うと、正解かどうか確認したくて着替えを取りに行くかもしれません。「競争だ！」とゲームのようにしたり、「早着替えチャレンジ！　今日は何秒で着替えできるかな、準備はいい？」なんて言いながら数を数え始めるのも楽しいです。

　乗ってこない子もいますが、決して無理やりやらせようとせず、楽しく続けていると僕もやってみようかなと興味を向けてくれるかもしません。気が向かないようであれば、今日は特別に先生がやってあげるね！　と甘えを受け入れる日があってもよいでしょう。やるべきことはわかっていてもやる気になれないことは、大人もよくあること。「手伝って」って言ったら手伝うよ！　と困っている時の対処法を伝えていくことも大切です。

安心感の中で葛藤すること

それでもやらない！　嫌だ！　となることもあるでしょう。「では、やらなくてもいいよ」と言える内容であればよいのですが、例えば濡れている服をずっと着ていたいとか、公園でもっと遊んでいたいなど、譲れないことを主張される場合があります。

安全や健康を守るためにやるべきこと、守るべき社会のマナーやルール、また相手を傷つけること、自分を傷つけることなどは、その子の育ちに合わせた枠組みを大人が決めて、「これはどんなにやりたくてもやってはいけないこと」と伝えていくことが大切です。そういった枠組みと自分の主張とがぶつかって、主張を通したいと大声で泣く姿もあるかもしれません。

そんな時には、「泣いてもダメです！」「泣き止みなさい」という言葉かけではなく、**安心感の中で葛藤できる環境を整える**ことが大切です。まずは「○○がしたかったんだね」と子どもの思いを優しく受けとめて共感し、「悲しいよね、やりたかったんだもんね」と感情を言語化して代弁します。

枠組みを変えることはできないので、「でも濡れた服は着替えようね」は変わらないのですが、「着替えたくなかった」という主張には十分寄り添い、温かく見守り、子どもが自分の思いと守るべき枠組みの間で葛藤するということです。

自己主張は決して悪いことではありません。子どもの自我が育ってきた喜ぶべき事実です。しかしすべての思いが通るわけではありませんから、子ども自身が時には折り合いをつけなくてはいけないことを学んでいく必要はあります。「いけません、泣くんじゃない、言うこと聞けないなら出ていきなさい！」と自己主張することや葛藤することを否定されるのではなく、共感してもらい、わかってもらえたという安心を感じながら葛藤することで、自分の思いを調整していく力が育まれます。

どこまでが譲れることで、どこからは譲れないことなのか、その子の育ちに合った枠組みなのか、状況や環境によっても適切な枠組みは変わるため、ここでは言及することを避けますが、クラスの中や園内で対話をし、職員間で共通認識をもって保育をしていくことが大切です。

3

寝ない子は知りません！
お部屋の外に出て行きなさい！

なかなか眠らない子どもたち

　次に、午睡の場面での不適切なかかわりについて考えます。

　日中元気に遊んで、食後すぐに入眠できる子もいますが、そういう子ばかりではありません。1歳児でも3歳児でも、時には5歳児でも、布団に入ってから喋ったりふざけたりする姿がよくあります。「静かにしてね、みんなが寝ているよ」と声をかけると、その瞬間は少し静かになりますが、またすぐに話し始めるのが子どもです。時にはウトウトしている隣の友だちにちょっかいを出したり、お喋りに誘ったりすることもありますから、「いい加減にしなさい！」「何の時間だと思っているの？」という保育者の低くて怖いどなり声がよく聞こえてくる時間帯です。

　私が働いていた園では、食事時間あたりから職員の休憩を回していくことになって

いましたから、ただでさえまとめるのが大変なたくさんの子どもたちの食事を済ませ、食後の片づけをし、時間どおりに食器を給食室に下げ、幼児クラスであれば布団の敷いてあるホールへと連れて行く……これを少ない人数の保育者でやらなくてはいけません。それはもうとても大変な時間ですから、布団に入るころには「ちゃんと言うことを聞いてくれないと困る」というイライラ感が高い状態にあることも多いのです。

子どもたちに罰を与える言い方で静かにさせる

そんな中、寝ずにはしゃぎ出したり、周りの子までを巻き込んで喋り出そうとしたりする子がいると、天使のような笑顔で対応するなんてできるわけがありません。「寝ない子は知りません、お部屋の外に出ていきなさい」と突き放すような言い方をして廊下に出そうとしたり、「寝ないならお布団はしまいます！」と布団をしまおうとしたり、布団ごと別のスペースに持っていったり、子どもたちに罰を与えるような言い方をしたりして、静かにさせようと必死でした。

「お化けが来るよ」と保育室のドアをどんどん叩いて子どもを脅かし布団に入るように促したり、「上手に寝られませんってママに言っちゃうよ」「〇〇先生（怖い先生）に電話するよ」と言ったり、布団に横になるようにと力づくで子どもの身体を押さえたりする保育者もいました。横になった子どもを優しくトントンとするのではなく、強い力で「静かにしていなさいよ、早く寝なさいよ」という思いを込めてバンバンと叩く保育者もいました。

子どもの健康を守るために午睡が必要という理由もありますが、早く寝てくれないと連絡帳が書けないし、事務仕事ができないし…という時間に追われている焦りも

あったと思います。現場によっては休憩時間もほとんどなく保育をしているので、寝てくれないと仕事が進まず、ますます大変になっていきます。日々「早く寝てくれないと困る」という状況だと、早めに起きた子にも優しく対応することができず「なんで起きるのよ」という気持ちになることもあります。

早く起きた子やあまり午睡を必要としない子も「静かに横になっていなさ

い」「今はごろんとする時間です」と怒られて退屈な時間を過ごすという状況がよくみられます。

どうして言うことを聞けないの？

　午睡時間に限らず、子どもと過ごしていると、保育者がやらないでほしいことを子どもがやってしまう場面がたくさんあります。室内で走り回ったり、危険なところに登ったり、水やお茶をこぼして遊んでいたり、水道で水遊びをしてしまったり、散歩中に急に止まって小石を拾ったり、おもちゃを出してほしくない時間に出してしまったり、触ってはいけないと言っているものを触ってしまったり……あげたらきりがありません。

　こうした場面では、大きな声で怒ったり、罰を与えるような言い方をしたり、お化けや鬼などを使って脅かしたり、力づくでやめさせようとしたりと不適切な保育に発展してしまうことが多いように思います。子どもは大人が思うようは動いてくれませんから、悩まされる場面はきっと多いことでしょう。

　では、どうしたらよいのでしょうか。まずは、子どもの気持ちになって考えてみてほしいと思います。「どうして言うこと聞けないの？」と子どもに問いかけることはあっても、立ち止まって子どもたちがどうして言うことを聞かないのだろうかと考える機会はあまりありません。午睡時間であれば、どうしておしゃべりが止まらないのでしょうか？　伝えることが嬉しくて楽しくて、もっと聞いてほしいという子どもの願いがあるのかもしれません。まだ体力が余っているのかもしれませんし、ジッとしていることが苦手なのかもしれません。友だちが大好きで、かかわりたくて仕方ないのかもしれません。水道で水遊びをする子は、きっとお水が大好きで、楽しくて仕方ないの

でしょう。大好きなおもちゃが見えれば、遊びたくなるのは当然です。今は出してほしくない時間というのは大人の事情ですから、特に乳児であればわかりません。魅力的で大好きなおもちゃが見えるから遊ぶのです。

こうして考えてみると、子どもたちは、困らせるためにやっているわけではないことがわかります。大人の視点から見ると「言うことを聞かない子」と言われてしまう子の行動も、その子の視点で考えてみると、単純に楽しそうだから、我慢できないほど大好きだからという場合が多いものです。決して「悪い子」だからやっているわけではありません。大好きで仕方ないことをやろうとしたら怒られる、罰を与えられる、脅される……子どもの視点から見ると、こんなに理不尽で気の毒なことはないような気さえしてきます。

これで解決！
ひと言目は受けとめる

私が園長を務める保育所では「ひと言目は受けとめる」を保育者の行動指針のひとつとしています。やってほしくない行動だったとしても、子どもには必ずやりたかった、面白そうだった等の理由がありますから、まずは「面白そうだったんだね」「お喋りしたいんだね、楽しいんだね」と受けとめるのです。その行動の意図がわからなければ、子どもに聞いてもよいでしょう。

散歩中に急に立ち止まった子どもに「危ないでしょ、止まらないで歩きなさい！」とどなる前に「どうして止まったの？」と聞いてみるのです。「小さくてきれいな石があったんだよ!!」「弱っているアリさんがいてかわいそうだったの」など、子どもたちなりの理由を教えてくれることでしょう。「そっか、きれいな石があったんだね」とまずひと言目を受けとめると「うん、そうなの」とわかってもらえて嬉しくもなるでしょう。その上で「でも今止まっちゃうと、お友だちとぶつかって危ないんだよ」と話すと子どもも「そうか」と理解してくれます。「だから、止まらないで歩いてね」「今度きれいな石を探して歩こうね」を伝えていくと、怒られるからやめておこう、怒られなければやってもいいや！　ではなく、これは危ないからやめておこうと判

断することができるようになっていきます。

　1回や2回では伝わらないものですが、「何度言ってもわからない」と思うことでも300回繰り返せばわかってくれるはずだよと、新人のころ先輩に教えてもらいました。結果を急がずに丁寧に理由を伝えることを繰り返していくことで、怒られなくても、子どもたち自身が「何がしていいことで、何がいけないことなのか」をわかって行動できるようになっていくので、制止しないといけない場面は成長とともに減っていきます。

■ 環境の工夫

　環境を工夫することでも解決できることはあるでしょう。例えば、おもちゃで遊んでほしくない時間帯には、おもちゃ棚に布をかけておく、どうしても遊んでほしくないものは目に入らない場所に置いておく。午睡時であれば落ち着いて寝られるような配置にする、みんなが落ち着いて寝られるように、順番にお布団に行こうね、と少し時間差をつけるのも一つの工夫です。

　私は午睡の前に絵本や紙芝居を1冊読み、布団に入る前は、一人ひとりぎゅっと抱きしめてお休みのあいさつをしていました。「しっかり休んで起きたらまたいっぱい遊ぼうね、お休み」と笑顔を交わしてから静かに布団へと入っていきます。ぎゅっとしてもらった子は少し気持ちがほっとして満たされていますから、静かに布団に向かってくれます。子どもはぎゅっとされるのが大好きなので、20人以上いるクラスであっても、お休みのぎゅっをしてほしくて並んで待っていてくれます。

　みんなで一斉に布団に入るとざわつきますが、ほんの少しの時間差をつけるだけでも、静かに布団に入れます。少しの時間ですが、一人ひとりとのコミュニケーションの時間になり信頼関係も深まります。身体に触れることで体調の変化にも気がつきやすくなるので、おすすめです。

大人にやらないことは子どもにもやらない

　ここまで、不適切な保育の中でも、「園児が不安になるような言動をして、保育者の思うように従わせる保育者主体の保育」のよくある場面について考えてきました。自分も昔はこういう保育をしていたなと思ったり、身近にあるなと思ったりした人もいたかもしれません。

　不適切な保育はこれだけではありません。こども家庭庁から出された「保育所等における虐待等の防止及び発生時の対応等に関するガイドライン」によれば、「泣き続けるこどもに長時間関わらず放置する」ことや、「視線を合わせ、声をかけ、抱き上げるなどのコミュニケーションをとらず保育を行う」「他のこどもとは著しく差別的な扱いをする」「こどもの自尊心を傷つけるような言動を行うなど（例えば、食べこぼしなどを嘲笑する、「どうしてこんなことができないの」などと言う、こどもの大切にしているものを乱暴に扱う、壊す、捨てるなど）」などは、不適切な保育の中でも、「虐待」として位置づけられています。

　子どもの描いた絵に関して「太陽は赤で描きなさい」と価値観を押し付けたり、「下手だね」と主観で悪い評価をしたり、子ども同士のけんかの場面で、子どもの気持ちを十分聞かずに「あなたが悪い」と決めつけ、「ごめんね」や「いいよ」の強要をしたり……、子どもたちの価値観や気持ちを軽視するようなかかわりを保育現場で目にすることがありますが、これも適切とはいえません。

本人に聞こえるように、子どもの悪口を言ったり馬鹿にしたり、保護者の悪口を言ったりすることももちろん不適切でしょう。言われた子どもの気持ちを考えればこういった発言はしないように思うのですが、これまで述べてきたような、子どもを大人の意に沿って動かすような保育が日常化し、子どもよりも大人のほうがえらいような気になって、子どもは怒られて当然、未熟であるという感覚がエスカレートしていくと、子どもの人権を尊重するという意識が次第に薄れ、こういった発言につながったり、子どもを雑に扱うような保育に発展するように思います。

相手が傷つくこと、嫌な気持ちになることを言ったり、嫌がっていることを無理やり力づくでやらせようとしたりすることなど、大人同士の関係の中ではやらないことは、子どもに対してやってよいはずがありません。どんなに幼い子どもでも、一人の人として尊重していく姿勢が求められます。

虐待をしていなければ良い保育？

以前見学に行った園では、子どもたちのためにかわいい園づくりをしようと、いたるところに保育者手づくりの折り紙や画用紙で作った立派な壁面製作が飾られていました。見るからに子どもたちへの愛が溢れているような園でしたが、保育室内を見せてもらうと、おもちゃの棚が置かれておらず、ままごとやブロック等もすべて倉庫にしまわれているということでした。今日何で遊ぶかは、大人が決めて保育室に運ぶのだと言います。

このように子どもたちは遊びを選ぶことができず、園によっては1時間程度の長い時間、保育者が決めた1種類のみのおもちゃで遊ばなければならないような保育をしているという話を時々耳にします。虐待につながるような保育をしていなかったとしても、子どもの自主性や主体性を育むことを考慮できていない保育は、良い保育とはいえないでしょう。

では何が適切なのかと考える時、私たち保育者が立ち戻るべきものはやはり保育指針や教育要領でしょう。保育所保育指針や保育所保育指針解説を読んでみると、何を大切に保育をすればよいかというヒントがたくさん詰まっています。あまり手に取ったことのない人がいれば、ぜひ開いてみることをおすすめします。

子どもの気持ち・
本当のねがいはなあに？

大人の視点で「できるようになってほしい」という気持ちが大きくなるときに、不適切な保育へと傾いてしまうことがあります。一方で「無理強いしない」という思いが強すぎて、ほんの少し背中を押したら出会える達成感があるかもしれないのに、そのまま見過ごしてしまうこともあります。大事なのは、その時々の子どもの気持ちに心を寄せていくことではないでしょうか。「叱る」も「褒める」も、大人から見た子どもの姿に対して、大人側から発信するかかわりなので『大人⇒子ども』という方向性は同じです。

どの子どもも、大きくなりたいというねがいがあります。発達の段階で壁にぶつかったときに、複雑な感情を抱きます。「できない…」

という言葉の奥に、「本当はやりたい」という気持ちが隠れていることもあります。子どもと対等な人として向き合うためには、「できる」「できない」という評価の感覚を手放していきたいものです。

表情や言葉に現れる子どもの気持ち

私が保育士になって3年目の出来事です。5歳児のAさんは、公園に遊びに行くと毎日のように鉄棒のさか上がりに挑戦するようになりました。その姿を私は「すごいな！」と思いました。あとちょっと…「頑張って」と応援しました。そうしたらなんと「頑張ってるよ！」という少し不機嫌そうな言葉が返ってきたの

です。

　そのときにハッとしました。励ましの言葉が必ずしも相手にとって嬉しいことではない場合もあると学びました。

　「そうだね。頑張っているね。頑張り続けることがすごいなって思っているよ」と言葉を添え、その後はひたすら黙って見守りました。黙々と挑戦するも、その日もさか上がりは達成せず……。さか上がりができた日は、飛び跳ねるように喜ぶ姿に出会えました。

　子ども自身の気持ちは、表情や言葉に表われます。顔を見ること、子どもの声に耳を傾けること、それが大切だと子どもから学んだ瞬間でした。

前に進んでいこうとする姿は尊い

　4歳児Bさんとの出来事です。公園に遊びに行きました。ジャングルジムにスイスイ登る友だちを見ながら、一段目に手をかけては別の所へ遊びに行ってしまう姿を発見しました。

　「登ってみる？」「ううん。怖いからいい」「そう？　怖いなら一緒に行ってみる？」少し背中を押してみようかなと思い、問いかけてみました。（「うーん…」）考えた末に「うん…」と返事をしながら、目線が上がりました。

　まずは一段。「やっぱり怖い…」「大丈夫。ここにいるよ」自分の力で登れるように、手は貸さないけれど、“落ちたらどうしよう”という怖さを取り除けるように、後ろにぴったりと待機しました。

　友だちが来て「こうだよ」と登り方のモデルを見せてくれました。一歩離れて眺めていた時のBさんの視線とは違います。手や足をどのように使っているか、真剣なまなざしで同じようにまねして手足を動かします。

　「やっぱり怖い…」一歩進むために、片手を一瞬離す瞬間は、やっぱり怖い様子。やりたいけどできない矛盾の中に、子どもの心はあります。この矛盾を乗り越える主人公は、子ども自身です。手伝わないけれど、「落ちないよう

にここにいるね」怖い気持ちには寄り添っている。「やりたいけど、怖いけど、だけどやりたいんだよね」今の姿をありのまま言葉にしてみます。頑張っていることはひしひしと伝わってきます。励ましの言葉も必要ありません。

　途中で引き返しても、この挑戦には大きな価値があります。結果を求めるわけでもなく、少しでも怖さが和らぎ、挑戦する勇気になればという気持ちで、一緒にいました。一歩一歩慎重に進みながら登り切ったBさんは、今までに見せたことのない表情になりました。子どもが前に進んでいこうとする姿は尊いなと思います。感動した瞬間でした。

　叱るか？　褒めるか？『大人⇒子ども』の方向性だけで子どもとかかわっていると、子どもの心は見えてこないものです。
- 子どもの目線の先には、何があるだろう？
- 子どもはどんな表情をしているだろう？
- 子どもはどんな言葉を発しているだろう？

　子どもを観察することを保育の出発点にしたいものです。

　私たちは占い師ではないので、毎回ぴったりと相手の心を読み取れる能力はありません。タイミングよく、相手の気持ちに自分のかかわりがヒットするとは限りません。

　だからこそ、子どもと対話というキャッチボールをしているか？　一方的なメッセージで終わっていないか？　を常に振り返ることが大切です。

　日本の保育士の配置基準では、幼児クラスの担任は一人で多くの子どもを見ていかなくてはなりません。子ども一人ひとりがどんなことを感じているのか、どんなことを考えているのかに心を寄せていくのは簡単ではありません。それでも、ピッタリと心が重なり、子どもの気持ちが見えたとき、子どものねがいがくみ取れたときの喜びは大きいのです。その宝探しのような状態こそが、保育の楽しみだと思っています。　　　　　（河合清美）

第 **2** 章

言葉かけから始まる「不適切な保育」が子どもにおよぼす影響

不適切な保育は、日ごろの子どもとのかかわりから生まれます。線引きが難しいところですが、乳幼児期の不適切なかかわりは、子どもの将来にまで影響をおよぼしかねません。本章では、不適切なかかわりや言葉かけが子どもにおよぼす影響について考えます。

はじめに

怒ったり罰を与える
言葉かけは効果的だけど…

　子どもに言うことを聞かせなくてはならない時、大きな声で怒ったり罰を与えたり、怖がらせたりすることは、ある意味とても効果的です。子どもは嫌がったり怖がったりするので、きっとすぐに言うことをきくことでしょう。そのときは効果があるので安易に多用しがちですが、続けていると一体どうなるのでしょうか。

　例えば、「怒られて言うことをきく」というスタイルに慣れてしまっていると、「怒られなければ言うことを聞かない」状況を招くことが挙げられます。大事な話をきくために静かにするとか、みんなで使うものを大事に管理するために片づけをするといった、その行為の意味を学ばずに、怒られるから静かにする、先生が怖いから片づけをするということが日常になるクラスでは、怒られないと静かに話はきけませんし、片づけもしません。そのため保育者は、いつも怒って言うことをきかせなくてはならないという悪循環になっていきます。怖い先生に怯えて静かにしているクラスであればあるほど、優しい先生が保育に入ると解放されたかのように子どもたちが騒ぎ出すことがあるのはこのためです。

　そういう姿を見ると「子どもたちは普段どれだけ萎縮して生きているのだろう」と切ない気持ちになるのですが、優しすぎるからいけないのだ、言うことをきかせられないのは子どもになめられているからだと、保育者が怒らないことを指導されることもあるので悩ましいところです。

　また、怒ったり怖がらせたりして自分の思うように相手をコントロールするというコミュニケーションのとり方を子どもたちは学んでいますから、友だち同士でも「もう知らない」「仲間に入れてあげない」「嫌い」といったかかわりが出てくることもあるでしょう。不適切な保育が日常化しているクラスで、困っている友だちを見ても助け合うような関係性はなかなか築かれていかないものです。

　子どもに言うことを聞かせるためにやりがちな「不適切な保育」は、子どもたちの

育ちにどのように影響していくのでしょうか、そもそもなぜしてはいけないのでしょうか。第2章では不適切な保育はなぜいけないのかに焦点を当て、子どもの発達や権利などさまざまな角度から考えていきたいと思います。

発達・成長からみた
「不適切な保育」の弊害

大人はなぜ、不適切なかかわりをしてしまうのか

●安全と安心を保障することの大切さ

　安全と安心が保障されているとき、子どもは身体をさまざまに動かし、周りの人や物に働きかけます。そこで発見した喜びや楽しさに大人が共感することで、子どもは外の世界への興味や関心を広げていきます。そして、大人や仲間のふるまいを見て、自分も「あれをしたい」「ああなりたい」と憧れを膨らませ、挑戦を試みるようになります。その試みや努力が実を結んだとき、子どもは達成感や効力感を味わいますが、そこに至る過程には葛藤や不安がともないます。

　「こうしたい」のだけれど「思うようにならない」、「こうしたい」けれど「うまくできなかったらどうしよう」——子どもはこうした葛藤を、自分の思いを受けとめ、励ましてくれる大人や、思いをぶつけ合い、かつ楽しさを共有できる仲間の存在に支えられながら乗り越えることで、日々自分を作り変えていきます。

●応答的な保育の対極にある「不適切な保育」が起こる背景

　不適切な保育は、このような自分づくりの過程を支える応答的な保育の対極にあるものです。では、大人はなぜ、不適切なかかわりをしてしまうのでしょうか。不適切なかかわりは、子どもが言うことをきかないときや、大人から見て「困った」行動をしたときに起こりがちです。大人の視点から一方的に子どもの行動を捉えているとき、あるいは、「すぐにこの行動を正さなければ」という大人の思いが強すぎるときに、不適切なかかわりは生じやすくなります。

　「困った」行動を含め、子どもの行動には必ず、背景や理由があります。子どもが言うことをきかないのは、大人の側が要求することが高すぎるためかもしれません。ま

た、子どもの「困った」行動の中には、順調に発達してきたからこそ生じるものもあります。子どもの視点から行動の意味や理由を理解することができれば、その子どもが必要とするかかわりを見出しやすくなります。

本節では、子どもの発達において保育者が果たす役割と、不適切な保育が発達に及ぼしうる影響を述べたうえで、保育者に求められるかかわりを子どもの自分づくりの道筋に沿って考えていきます。

子どもの発達を支える保育者の4つの役割

●安全な避難場所としての役割

　保育者は、子どもを危険や不安から守り、感情の調整を助ける、安心できる避難所としての役割を果たします。乳児のうちは、身近な大人が子どもの安全を守り、不快を取り除きます。不安な時や不快な時は泣いても大丈夫、大人を頼れば安心を取り戻せる、そのような経験を積み重ねてきた子どもは、さまざまな感情をオープンに表わし、助けや慰めが必要な時に他者を求めるようになります。

　感情は目に見えないものであるため、子どもにとって初めは訳のわからないものです。しかし、大人が子どもの感情を言葉にし、その原因や結果を一緒に考えていくことで、子どもは感情に関する理解を深め、感情の扱い方を学んでいきます。大人とのこのようなやりとりは、子どもが感情を言葉で伝え、感情について言葉で考えるための土台となります。

●安全基地としての役割

　保育者は、子どもに心のエネルギーを補給し、子どもが外の世界に向かうことを後押しする、探索に向かうための安全基地です。不安なときに大人から助けや慰めを得て、安心を取り戻す経験を重ねてきた子どもは、何かがあった時には大人のところに戻れば大丈夫、という見通しをもつようになります。そのような見通しをもてると、子どもは安心して大人の元を離れ、自ら外の世界に向かい、遊びや生活にじっくりと取り組むことができます。安心は自律心を育む土台となります。

●子どもにとってのモデルや教師としての役割

　大人は、遊びや生活の中で、子どもに物の扱い方を示したり、人とのかかわり方を

教えたりします。子どもは大人の行動を見て、真似することで、家庭や園など、自分が属する社会の中で共有された価値観や規範を身に付けていきます。

◉自己や他者に関する理解を、言葉を介して形づくる役割

　子どもは、大人が人の行動や外見、性格などに付した言葉（いい子、だめな子、優しい、意地悪、泣き虫など）を手がかりに、「自分（友だち）はこういう子なのだ」と、自分や他者についての理解を築いていきます。子どもが自分を価値のある存在と思えるかどうかには、大人の言葉かけが大きく影響します。

不適切な保育が子どもの発達におよぼす影響

◉子どもに不安や恐怖を引き起こす不適切な保育

　先に、保育者が果たす4つの役割について見てきました。では、保育者がこのような役割を適切に果たすことができない場合、子どもの発達にはどのような影響がおよぶでしょうか。安心できない環境では、子どもは素の感情を表わすことができません。自分の感情に目を向け、感情を言葉にすることも難しくなります。感情が乱される事態に直面した時でも、大人に助けや慰めを求めることができず、自分の状態を立て直すことが困難になります。また、安心できない環境では、遊びや生活に落ち着いて取り組むことができないため、行動に落ち着きがなくなり、遊びが長続きしません。

　保育者のかかわりは、それがどのようなものであれ、子どもにとってのモデルになります。保育者が乱暴に振る舞ったり、心ない言葉を口にしたりしているところを見た子どもは、友だちに対して同じ行動をとるようになります。また、保育者から繰り返し否定的な言葉を向けられていると、子どもは自分や友だちのことを、価値のある有能な存在であると思えなくなります。その結果、難しいことへの挑戦をあきらめ、達成感や自己効力感を得る機会を逸してしまいます。幼児期後半になると、子どもたちは集団の中に自分の居場所を見つけ、友だちに認められることや、友だちと協力して物事に取り組むことに価値を見出しますが、不適切な保育はこうした集団としての育ちを阻むことにもなります。

◉不適切な保育が子どもの身体や脳に及ぼす影響

　最近の研究では、虐待に代表される不適切な養育は、子どもの身体や脳にも影響を及ぼすことがわかってきました。不適切な関わりを日常的に受けていると、子どもは

いつ怒鳴られたり叩かれたり脅されたりするかわからない恐怖から、常に緊張して過ごすことになります。身体の交感神経の活動が高まった状態が続くため、イライラして攻撃的になったり、周りを警戒して落ち着きをなくしたり、ささいな刺激に反応したりするようになります。また、眠れない、食欲がない、疲れやすいといった身体的な不調を呈することもあります。さらに、不適切な養育に起因する精神的ストレスは、感情の調整に関わる脳の領域（前頭前野、海馬）の容積を減少させたり、脳の報酬系（目標に向かって活動を持続したり、他者からほめられることを期待したり、満足感や達成感を司る役割を果たす神経系）の感受性を低下させたりすることが、最新の脳科学の研究からは示されています。

　このように、長期にわたる不適切な保育は、子どもの心の発達や身体、脳に深刻な影響をもたらしうることをしっかりと認識し、それを防ぐ手立てを考えることが必要です。

子どもの「自分づくり」という発達の道筋

　発達の道筋を知っておくことは、子どもの視点から子どもの行動の意味や背景を捉えることを助け、不適切な保育に陥ることを防ぎます。大人の不適切なかかわりを誘発する子どもの「困った」行動の中には、子どもが順調に発達しているからこそ見られるものもあります。とりわけ、自我が芽生え、拡大する1歳後半から2歳頃や、集団の中で自我が育ち始める4歳頃には、自我の育ちにともない経験される葛藤や不安が、こだわりやかんしゃく、甘え、乱暴な言動や仲間外れといった形で現れることがあります。ここでは、自我が育つ道筋をたどりながら、各段階の子どもの姿と保育者のかかわりについて考えます。

① 自我が芽生える前（乳児期：おおよそ1歳半まで）

　0歳児は、泣くと大人が不快や苦痛を取り除いてくれる、微笑んだり声を出したりすると大人が応じてくれる、というやりとりを何度も繰り返し、安心感と周りの世界への信頼感を得ていきます。身体や手指の動きの上達とともに、子どもは周りの人や物に積極的に働きかけ、人とかかわる楽しさや物を扱う面白さを知っていきます。

　1歳を迎えた子どもは、自分が発見したことや興味をもったことを指さしで知らせたり、手にした物を差し出したりと、同じ物をめぐって身近な大人とやりとりすることを楽しみます。「面白いね」「〜しようと思ったの？」と、大人が子どもの気持ちや

意図を言葉で返すことで、子どもは気持ちを分かち合う喜びを味わうと同時に、自身の気持ちや意図を認識していきます。自分の中にある思いに気づくようになるがゆえに、それが叶わないとかんしゃくを起こすことが増えます。大人が子どもの思いを丁寧に酌み取って言葉をかけることが大切な時期です。

② 自我が芽生え、拡大・充実する時期（幼児前期：1歳半〜3歳頃）

　1歳半を過ぎると、イメージする力の育ちによって、子どもは自分のことを外側から見て考えることができるようになります。自分の行動は自分の意図のもとにあることに気がつき、自分と他者の違いを明確に意識するようになります。「ジブンデ」「ジブンガ」「ジブンノ」と、自分の領分を確かめようとするがゆえの主張が出てきて、大人には「反抗」と映る行動が増えてきます。

　一方で、他者とともに過ごす心地よさを乳児期に経験してきた子どもは、友だちと「イッショ」であることや「オンナジ」であることに楽しさや喜びを覚えます。このように友だちを求めると同時に、お互いの主張がぶつかるため、トラブルが頻発します。遊びの充実を図りつつ、それぞれの子どもの思いを大人が代弁することで、子ども同士が安心してかかわることができるようになります。

　さらに2歳を過ぎると、「対」で物事を捉える力の育ちとともに、二つのものを比べて考えることが始まります。「自分はこうしたい、でも、先生や友だちは……」と、自分の思いと相手の思いの間で葛藤する姿や、「できる」自分と「できない」自分の間で葛藤し、「ヤラナイ」「デキナイ」と甘える姿が出てきます。

　「自分には自分の思いがあることを分かってほしい」というのが、この時期の子どもの一大テーマです。うまく伝えられない思いを大人が言葉にして、まずは受けとめること、さらにそのうえで、他の人の思いや、状況によっては思いが叶わないこともあることを伝えることで、子どもは自分の思いをわかってもらえた、という安心感から、目の前の現実に向き合うことができます。

　子どもが選べる選択肢を示す、見通しを伝える、といった大人のかかわりは、子どもにとって、葛藤に折り合いをつけ、自分を立て直すうえでの助けになります。葛藤する経験や、自分の意図と他者の意図の調整を必要とする経験の中で、大人が子どもの思いを受けとめ、言葉にして伝えることで、自制心（我慢する力）や自励心（自分で自分を励ます力）の土台が育まれます。

③ 集団の中で自我が育つ時期（4歳〜6歳頃）

　幼児後期は、共に過ごす仲間集団の中に自分の居場所を見つけ、自我を育んでいく時期です。4歳頃になると、子どもは自分の視点と他者の視点が異なることに気づき、他者の目を強く意識するようになります。大人の期待に沿おうと頑張る姿を見せますが、期待に応える自信がない時には、やろうとしなかったりふざけたりすることがあります。また、友だちに認められたい気持ちが高まり、汚い言葉を使う、誇大した話をする、誰かを仲間はずれにして友だちとの関係を確かめる、といった行動を見せることもあります。これらの行動には、集団内での自分の位置や価値を確認するという意味があると考えられています。

　言葉を思考の道具として使う力が育つこの時期、子どもは「〜ダケレド〜スル」（いやだけれどやる、どきどきするけれどやってみる、など）と心の中で対話をしながら葛藤を乗り越えていきます。身近な大人からの共感と励ましの言葉に支えられつつ、葛藤し、自ら行動を選び取る経験を通して、自制心や自励心が育っていきます。

　さらに5歳頃になると、子どもは、それまで「対」で捉えていた世界に「真ん中」や「間」があることに気がつくようになります。「できた－できない」「一番－びり」といった一面的な見方ではない多様な価値や見方を子どもに伝えることが大切な時期です。そうすることで、子ども同士がそれぞれのよさを発見したり、結果に至る過程の大切さに気づいたり、自分の気持ちに上手に折り合いをつけられるようになっていきます。

　遊びや生活の中で誰もが力を発揮できる機会があり、子ども同士が認め合い、支え合う温かい集団に身を置いているとき、子どもは自制心や自励心を発揮しながら、「ありたい自分」を作っていくことができます。また、子どもの自分作りの過程を支えていくためには、子どもを中心に据えて意見を交わし、子どもについて共に考えることのできる大人同士の関係を、園内や、園と家庭との間に作ることが望まれます。

【参考文献】
・藤澤隆史・島田浩二・滝口慎一郎・友田明美「児童期逆境体験 (ACE) が脳発達に及ぼす影響と養育者支援への展望」『精神神経学雑誌』第122巻第2号、135-143頁、2020年
・白石正久『子どものねがい子どものなやみ　乳幼児の発達と子育て（改訂増補版）』クリエイツかもがわ、2013年
・白石正久『発達を学ぶちいさな本 子どもの心に聴きながら』クリエイツかもがわ、2020年
・上野永子・岡村由紀子・松浦崇編『保育とアタッチメント：幸せな人生につながる土台づくり』ひとなる書房、2022年

子どもの権利からみた「不適切な保育」

　その日の保育をうまくこなすという視点で考えたり、目に見える子どもの成長が保育の成果として誤認識されていたりすると、指導がエスカレートしてしまうことが生じてしまいます。

　本章では、「不適切な保育」を中長期的な子どもの成長・人格の形成という視点から考えていくために、基礎となる「子どもの権利」を考えます。

子どもの権利から「不適切な保育」を考える

　『不適切な保育』とは、誰がどのように判断するものなのでしょうか？　他者から「それは不適切です」と言われるから不適切なのでしょうか？　保育士や幼稚園教諭、小学校教諭を目指したときに、不適切なかかわりをしよう！　と思って現場に立つ人はいないでしょう。ではなぜ、不適切なかかわりや言葉かけがあちこちで話題になるのでしょうか？

　人間は社会的動物です。人間の思考は社会の中の「常識」の中でつくられていきます。歴史的、社会的な大きな視点から、一度自分たちの保育を問い直してみましょう。

何が不適切で、何が適切かの根拠を考える

　日本人は日本語を話します。もし、フランスに生まれていたらフランス語、ドイツに生まれていたらドイツ語、アメリカやイギリスに生まれていたら英語、中国に生まれていたら中国語を話していたことでしょう。

　『子どもの権利』に関しても、どこの国に生まれ、どの社会で育っているか？　によって感じ方、考え方、振る舞い方は変化します。同様に、どの職場で働くか？　どんな先

輩に指導されたか？　によってもその感じ方、考え方、振る舞い方は変化します。さらに自分自身に対して親はどのように接してきたか？　幼少期や学齢期にどのようなかかわり方を身近な大人にされてきたか？　で人それぞれイメージは千差万別です。

　何が不適切で、何が適切であるのか？　自分の感じ方やイメージに頼るのではなく、**根拠をおさえておくこと**は専門職として大切な視点だと考えます。少し駆け足になりますが『人権』『子どもの権利』に関する歴史を確認しておきましょう。

●日本国憲法

　1946（昭和21）年、日本国憲法が制定されました。戦争が繰り返されることのないよう、すべての国民に対する基本的人権、思想・言論の自由、生存権、人としての平等など人間らしく安心して生きていくための権利を明確にしました。

●児童福祉法・学校教育法

　1947（昭和22）年、児童福祉法・学校教育法が制定されました。子どもたちの命や生活、学ぶ環境が保障されることが法律により明確になっていきました。

児童福祉法（抜粋）

第1条　全て児童は、児童の権利に関する条約の精神にのっとり、適切に養育されること、その生活を保障されること、愛され、保護されること、その心身の健やかな成長及び発達並びにその自立が図られることその他の福祉を等しく保障される権利を有する。

第2条　全て国民は、児童が良好な環境において生まれ、かつ、社会のあらゆる分野において、児童の年齢及び発達の程度に応じて、その意見が尊重され、その最善の利益が優先して考慮され、心身ともに健やかに育成されるよう努めなければならない。

（2016年改正）

　児童福祉法では、子どもの権利を保障するため、社会の制度や大人の努力義務が明記されました。学校教育法では、子どもの教育を受ける権利を保障することが大人の義務として位置づけられました。

●児童憲章

1951（昭和26）年、児童福祉に対する意識啓発のために、児童憲章が制定されました。資格取得の際、以下の条文を暗記した人も多いのではないでしょうか。

児童憲章（抜粋）

われらは、日本国憲法の精神にしたがい、児童に対する正しい観念を確立し、すべての児童の幸福をはかるために、この憲章を定める。

児童は、人として尊ばれる。

児童は、社会の一員として重んぜられる。

児童は、よい環境のなかで育てられる。

●児童の権利に関する宣言

世界では第一次世界大戦後、多くの子どもの命が奪われたことを反省し、1924年児童の権利に関する宣言が国際連盟にて採択されました。児童は保護されるべき存在として確認されました。**子どもの権利が明確になった歴史の始まりです。**

●世界人権宣言

1948年、世界人権宣言が国際連合総会で採択されました。すべての人は平等であり、それぞれが同じ権利を持つと世界の人権に対する基本的な意義が宣言されました。

1959年には、児童の権利に関する宣言が内容を拡張し編集される形で、国際連合総会（以後国連）で採択されました。世界人権宣言をうけ、差別の禁止や教育を受ける権利などが強調されました。

●子どもの権利条約

1989年、子どもの権利条約が国連で採択されました。児童の権利に関する宣言までは、子どもは保護の対象という子ども観が主であったことに対して、子どもの権利条約では、思想良心の自由や、表現の自由など、**権利行使の主体としての子ども観**があらわれました。

権利条約は条約であるので、締約国にそれを遵守する義務が発生します（日本は国連採択の5年後、1994年に世界で158番目に批准しました）。

条約の基本的な考え方は、次の4つの原則で表されます。それぞれ、条文に書かれている権利であり、あらゆる子どもの権利の実現を考える時に合わせて考えたい視

点です。

「子どもの権利条約」4つの原則

- 差別の禁止（差別のないこと）
- 子どもの最善の利益（子どもにとって最もよいこと）
- 生命・生存及び発達に対する権利（命を守られ成長できること）
- 子どもの意見の尊重（意見を表明し参加できること）

出典：訳「子どもの権利条約」日本ユニセフ協会抄

● こども基本法

2023（令和5）年施行となったこども基本法にも、子どもの権利条約は取り入れられています。

こども基本法　こども施策が大切にしている6つの考え方

1、すべてのこどもが大切にされ、基本的な人権が守られ、差別されないこと
2、すべてのこどもが大事に育てられ、生活が守られ、愛され、保護される権利が守られ、平等に教育を受けられること
3、すべてのこどもが、年齢や成長の程度に合わせて、自分の直接関係することに意見を言えたり、さまざまな活動に参加できること
4、すべてのこどもの意見が年齢や成長の程度に合わせて、大事にされ、こどもの今とこれからにとって最もよいことが優先して考えられること
5、子育てをしている家庭のサポートが十分に行われること、家庭で育つのが難しいこどもに家庭と同じような環境が用意されること
6、家庭や子育てに夢を持ち、喜びを感じられる社会をつくること

出典：こども家庭庁『こども基本法ってなに？やさしい版』7-8頁

　このように世界でも日本でも、長い人類の歴史からみれば、『人権』『子どもの権利』は、世界大戦後の宣言や条約として位置づけられてきた比較的新しい考え方なのです。その法的な整備と共に、差別的、封建的時代からの古い感じ方・考え方・振る舞い方を入れ替えながら、歴史をすすめている真っ最中です。

　『人権』『子どもの権利』の認識が社会に浸透するとともに、感じ方・考え方は変化し、ブラック企業・ブラック校則……以前は当たり前のように振る舞われていたことが、

"ブラック"として認識されるようになりました。

　権利を行使する主体である存在が、「権利が守られていない」と意見表明できる風潮になってきたことから、"ブラック"という視点がはっきり浮かび上がってきたのです。

保育現場に置き換えて考える

　では、幼い子どもたちはどうでしょうか？　発達段階上、自分の気持ちをまだ言葉で言い表すことができません。「ブラック保育だ」とは言いません。だからこそ、私たちは子どもの権利をより積極的に考えていく必要があります。

　子どもが人として尊ばれ、愛され、保護され、意見が尊重されているかかわりとはどのような状態なのでしょうか。どの現場でも必ず見かける場面を例に一緒に考えてみましょう。

場面例 鼻水が出ていて拭く

■Aさんの対応

「あー鼻水、汚いよ〜、ハイハイ拭いて!」と言いながら、現場は忙しいしティッシュで押さえつけるように、子どもが嫌がるのを無視して鼻水を拭きます。

Q　鼻水は誰もが出るもの。「汚いな〜」と言葉に出してしまう。一方的に押さえつけるよう無理矢理拭く。それは子どもを大切にしているかかわりでしょうか？　もしあなたが、自分では気がついていない汚れを他者に「汚いな〜」と言われたら、守られていると思うでしょうか？　一方的に押さえつけられたら、どんな感情を抱くでしょうか？

Q　鼻水を拭くという行為は、衛生的な生活を守っていますが、上記の拭き方は愛されているでしょうか？　愛情は伝わるでしょうか？

Q　鼻水が出ていて、それを拭く。これは子どもに直接関係することです。子どもが主体として「うん、いいよ」とか「今はいやだ」とか、意見を言ったり発達段階によっては頷いたり、意見を表明できるかかわり方でしょうか？

Q　この場合、子どもの今とこれからにとって最もよいこととは何でしょう？
　衛生的に、ささっと鼻水を拭いてしまう。"今"にとっては感染症予防にもなりま

すし、よいことです。では、これからにとっては？　今のまま、鼻水が出ていることにも気がつかず、清潔を保つことに子ども自身が参画せず、一方的にやってもらうままの存在でよいのでしょうか？

■Bさんの対応

　AさんとBさんの対応を客観的にみてみましょう。

　Bさんのほうが優しくて良い人という主観的な評価ではなく、『こども基本法』やそのベースとなっている『子どもの権利条約』に照らし合わせて考えてみてください。どの言葉が、どの振る舞いが、子どもを一人の人として尊重していることになるでしょうか。また逆に不適切な保育は、どのように子どもの発達や成長にマイナスの影響をおよぼしてしまうのでしょうか。専門的視点から考えてみてほしいのです。

　もしかしたら、現在の人員配置ではそんなゆとりない！　という気持ちがわき上がるかもしれません。ゆとりがないから、人がいないからを理由に、その矛先やしわよせを子どもに向けてしまうとしたら、本末転倒ではないでしょうか？

　保育者は子どもを守り育む社会的役割を担っています。現場の職員が『子どもの権利』

に沿って、どのような場面でどのようなかかわりが必要なのか？　人員配置やゆとりの
なさに対して論理的に表現していけるように学び合いましょう。現場から子どもの権利
を尊重するためのメッセージを広げることこそが、法律が整ってきたことを背景に、少しず
つ社会を変えていく力になると思います。

●子どもの権利は身近なこと

　『子どもの権利』は生活とかけ離れた難しいことではありません。難しく考えがちな
のは、人類の歴史上では、第2次世界大戦後の新しい考え方であるということだけで
す。戦後約80年、子どもの権利条約批准から約30年経とうとしている今、ようやく問
題を課題として見つめていく社会へと変化してきました。まだ感覚的になじみが薄い
人もいるだけなのです。

　今、できていない・周りの人はわかっていないと否定的に考えるよりも、1年後の自
分はどんなふうに『子どもの権利』を捉えている大人になっていたいか？　2年後は？
5年後は？　そうやって未来に向かい学んでいく人が『子どもの権利』をさらに社会へ
普及していくのです。

　まずは難しく考えずにシンプルに「子どもの声を聞いているだろうか？」「子どもの心
に気持ちを向けているだろうか？」と自分に問い続けることです。

　子どもたち一人ひとりは、私たち大人と同じ一人の人間です。等しい尊厳を持って
います。子どもたちが過ごす園が、自分の気持ちを言葉で表現できる環境であるか？
自分の居場所として安心できる環境であるか？　みんな（社会）の中の一人として仲間
に受け入れられている実感が持てる環境であるか？　いつも問い続けていきたいもの
です。

　『子どもの権利』を専門職として学び、専門職として追求することこそ、不適切なか
かわりや言葉かけからの脱却のカギとなるのです。　　　　　　　　　　　　　◆

不適切な言葉かけやかかわりで、10の姿は育つ？

不適切なかかわりが話題になる際、その動機として耳にする言葉があります。

「将来困るのは、この子だから…」「しつけのつもりだった」

他者から見て不適切に感じるかかわり方でも、子どもをいじめてやろう！ という意図ではない場合もあります。いじめてやろうという意図なら、「そのかかわりは違いませんか？」とはっきり言い合えるのに、正義感から出発していることも多いため、不適切なかかわりだと感じても「やり方の違い」で職員同士の議論が平行線をたどってしまうこともあります。

「将来のこの子のため」「みんなと一緒に何でもやれる子に」など、子どもが成長すると共に、大人の期待を子どもに押しつけてしまうこともあります。特に行事の前などに、どの子も同じように何でもできる姿を見せたいと、子どもの気持ちよりも保育者の気持ちを優先してしまう。「子どものため…」のはずが、行きすぎた指導として不適切な保育に発展してしまうこともあります。

「将来困る」「将来のこの子のため」、誰もが子どもの将来を考えているはずなのです。だからこそ、保育者同士・職員同士で対話を重ねながら専門職として共通の将来像を描く必要があります。

幼児期の終わりまでに育ってほしい姿（10の姿）とは？

幼稚園教育要領、保育所保育指針、幼保連携型認定こども園教育・保育要領が2017（平成29）年に改正されました。一般的には「10の姿」と呼ばれることが多い「幼児期の終わりまでに育ってほしい姿」は、保育のねらいとしての5領域をもとに、10の具体

的な視点から捉えて明文化されました。

> ① 健康な心と体　② 自立心
> ③ 協同性　④ 道徳性・規範意識の芽生え
> ⑤ 社会生活との関わり　⑥ 思考力の芽生え
> ⑦ 自然との関わり・生命尊重　⑧ 量・図形、文字などへの関心・感覚
> ⑨ 言葉による伝え合い　⑩ 豊かな感性と表現

　10の姿をめやすに子どもの将来を描いてみると、今後の保育の方向性やかかわり方が明確になってくるでしょう。いままでの「しつけ」という視点はいったん手放し、「幼児期の終わりまでに育ってほしい姿」という共通の視点で、何が不適切な保育で何が適切な保育なのかを実践的に考えていく新しい習慣を身につけていきましょう。具体例を通して子どもへのかかわり方を問い直してみます。

※10の姿は達成しなければならない幼児の成長のゴールではありません。あくまで5歳児の後半までの成長の目安・方向性として無理強いすることのないかかわりが求められています。

「しつけ」のつもりで、10の姿は育つ？

◉トイレに行かない子は、お散歩に行けません

健康な心と体…自分で体を動かすことを楽しむように5領域のねらいでも掲げているのに？　子どもは行きたいと言っているのに？　散歩に行けないの？

自立心…どうしたら、自らトイレに行く習慣が身につくのか？　これを課題にしている思いは同じです。散歩に行かせないという交換条件。交換条件で身につく生活習慣は、行動としては「自立」かもしれませんが、自分の力で行うために考えていく、自信をもって行動する「自立心」といえるでしょうか。

言葉による伝え合い…この場合の対話で、言葉による伝え合いを保育者自身は実践していますか？　子どもへの目標とする前に、言葉で伝え合う人としてそのかかわりは適切でしょうか。子どもは自分の気持ちを言葉にしていますか。

思考力の芽生え…トイレに行くのは、そもそもなぜでしょう？　自分の体のことに気づいたり、自ら判断したりする思考力につながっていくでしょうか。

●着替えができない子は赤ちゃん組に行きなさい

自立心…自分のことは自分で行うようになってほしい。自立を先急ぐ時に「しつけのつもり」という正義感が発動する印象を受けますね。専門職としては目に見える、"できている状態"だけではなく、目に見えない「心」への視点を振り返る必要があります。

言葉による伝え合い…今日はなんだか疲れたな〜少し手伝ってほしいな〜。もし、子どもがそのように感じていたとしたら？　その気持ちを言葉で伝えてみる余白が、そのかかわりの中にありますか。「手伝って、お願い」と伝える力を育むこともまた、「将来のため」ではないでしょうか。

● 寝ない子は知りません！　外に出ていきなさい！

健康な心と体…なぜ休息の時間を園に位置づけているのでしょう。子ども自らが、自分の体の疲れ具合を感じ取っていくかかわりになっているでしょうか。

道徳性・規範意識の芽生え…寝ている子もいるから、静かにしていてほしい。そんな場面で騒がれると、ついつい出てきてしまう言葉かもしれません。別の場所で遊んでいられるのなら、その環境を整えるほうが両者にとって健全です。周囲の状況に応じて、その場面に適した声の大きさ、動き方があるとしたら「知りません！　出ていきなさい！」というかかわり方で育つ力は何でしょうか。

大人の期待どおりに育てたら、10の姿は育つ？

● ○○が下手だよね。違う、こうやるの！（やらせるかかわり）

どの子も同じ育ちの成果を見せていくために、無理をしていませんか？

豊かな感性と表現…製作でも、ダンスでも、すべての子を同じ到達度にしていくことが私たちの専門性でしょうか？　うまい・下手をジャッジする資格を保育者は有しているのでしょうか？　みんなと同じレベルでできたほうがいい。そんなゴール設定は誰が決めたのでしょうか？　大人が求める結果を押しつけてはいないでしょうか。

　2022（令和4）年に改訂された高等学校学習指導要領にも、"総合的な探求"という視点が重視されるようになりました。正解を覚えるだけではなく、総合的な人間力の向上を目指しています。10の姿は将来の子どもの育ちへのバトンでもあるのです。

● 「ごめんね」でしょ！　「いいよ」でしょ！（言わせるかかわり）

　けんかしないで仲良くさせるための裁判官になっていませんか？

協同性…大人が「ごめんね」や「いいよ」と言うことを強要した場合、互いの思いや考えを共有するという幼児教育の目標は達成するのでしょうか？　大人に言われたから言っている状態で、どのような力が育つでしょうか。

道徳性・規範意識の芽生え…道徳性や規範意識はそもそも内発的なものです。外部からの刺激ではなく、内部から自然と起きる状態を目指したいものです。大人に言われて「ごめんね」「いいよ」と言っている状態は、子ども本人にとって納得感があり、本当に言いたくて言っている言葉になるのでしょうか。

社会生活との関わり…園生活は子どもにとっては社会の1つです。社会の中で人との
かかわり方を学んでいきます。大人にサポートされながら、みんなの中での自分、社
会の中での自分を発見していく経験を積み重ねていきます。大人が先回りして「〇〇
でしょ！」と答えを提示してしまうことで身につくのは従属する感覚。意思の強い子
なら、反抗心、反発心を呼び起こしかねません。

未来のために保育を問い直す主人公に

　ここで紹介したのは、あくまでも一例に過ぎません。また、これが正解ということ
でもありません。しかし「しつけのつもりだった」「みんなと同じように」は今後の社
会の中で、幼児教育の専門性としては通用しないことだけは明らかです。

　今まで「しつけ」の感覚で保育をしてきた習慣は、誰にでも多かれ少なかれありま
す。また、エネルギッシュな子どもに出会うときほど、「この姿、このままでいいの？
」という疑問にぶつかります。見守るだけでは、他の子どもをけがさせてしまう要因
にもなり、あせりが生じます。

　「しつけのつもり」という正義感からの視点を手放し、10の姿＝乳幼児教育の専門
職としての共通視点で振り返ることで、不適切なかかわりや言葉かけに気づく感性や
専門職としてのスキルに磨きがかかるのではないでしょうか。主人公は私たち一人ひ
とりです。

◉自尊心を傷つけてはいけない。10の姿は園全体で育もう

　友だちに対して、乱暴な行為をしてしまう子に出会うことがあります。10の姿の「道
徳心・規範意識の芽生え」を考えると、何度話してもわからないのなら"目には目を、
歯には歯を"と感情的に叱りつけたり、「そんな子は一緒に遊べない！」と突き放した
くなります。衝動的にカッとなりやすい気質の子は、やってはいけないことは理解し
ているけれどもついつい怒ってしまう。わかっているのに、「だめ」「やめて」と否定
されて、もっと嫌な気持ちになって負のスパイラルにはまり込んでしまうのです。

　『北風と太陽』の童話のように、保育者が北風のように冷たく厳しくかかわれば、余
計に道徳心・規範意識から遠のいていくのです。

　集団の中で許されない乱暴な行為をしたときは、ゆっくり、温かく、対話をしなが
ら振り返ることが大切です。その際の対話のポイントを紹介します。

方法：紙とペンを用意し、椅子に座る。ひらがなで子どもの言葉を目の前で書き出す。

（子どもの言葉を書くことで、ゆっくり話を聞く態度を保てます）

① 何があったのか？　きっかけとなった出来事を聞く。

② そのときどのような感じ方をしたのか？（嫌な気持ち・怒りたくなった）
　出来事と感情を分類するように対話し、"だからダメ"という否定的な意見は一切言わない。

③ どうしたらよかったと思う？　と問いかける。

④ 次に怒りたくなった時に③のようにできるために、大人はどのようなサポートをしたらよいか？　と問いかける。

道徳心・規範意識は、傷ついた自尊心では芽生えません。不適切なかかわりでは育たないのです。子ども自身が気持ちを整理する対話が必要で、その時間をつくるために、園長・主任も含めた職員間の役割や連携を確かめていきたいものです。　　◆

だめ！と否定する代わりに
子ども理解

子どものかみつきは、いつの時代も保育者の悩みのタネです。止めなくてはと思いながらも間に合わない。かみつきの回数が多い子に対しては、かわいいと思う余裕もなくなります。現場の保育者としては、誰もが体験したことのある感情ではないでしょうか？

2歳児クラスに「かんだらダメでしょ」と何度伝えても、どんなに丁寧に話しても、1日に数回かみつく子がいました。「ずっとついて防いでいくのは無理…」担任はぐったり…。さて、そのかみつく子どもの心は、理由はどんなことでしょう？

かみつく子どもの状況を記録する

遊具や場所の取り合いなど理由があるときもあるし、通りがかりにかんしてしまうこともある。明確な理由はわからない。かみつきなどの背景は、見ているようで見えていないことがあります。当時園では、かまれた側の子の記録は、けが記録に残っていましたが、かみついた子の記録はあまり残っていなかったので、簡単な記録を取ってみました。①いつ、②誰との関係で、③理由（取り合い・いきなり）と、業務負担にならない程度の簡単なメモを残しました。事実を振り返ることができれば、"なぜ"が導きやすくなります。

メモを残すという行動の変化により、「困った子」という主観的な視点ではなく、出来事を客観的に捉えていく視点へと変化していきました。記録を取り始めて3〜4日「これ？朝じゃない？」と一人の保育者が気づきました。

①登園して遊びだす時間に、②遊具の取り合いで、③先に遊んでいた友だちとの関係で、毎日のようにかみつきが起きていました。登園してすぐに、「かんだらだめでしょ」と言われてしまう出来事がある。その後は、機嫌が悪くなり、些細な取り合いが頻発したり、通りがかりに友だちを押してはトラブルになったり……。

朝がポイント！　見方が変われば、対応もかわる

担任同士で考えたアイデアは以下のものでした。

- 遊びに入り始めるときには丁寧にかかわろう。
- 他の子の受け入れと重なるときは丁寧なかかわりが難しいから、保育者と一緒に「おはよう係」を頼んでみよう。"後から遊びに入る"という友だちとの関係だけではなく、"後から来る子を受け入れる"という友だちとの関係を充実してみよう。
- おやつを取りに行くときなども、保育室の保育者数は少なくなる。このタイミングもトラブルが多くなりがち。おやつを一緒に運んでもらって、友だちの役に立つ体験を重ねたらどうだろう。

アイデアを一つひとつ実践してみました。「朝からかみつきがなく、落ち着いています！」と担任から嬉しい報告がありました。心地よく朝がスタートしたら、1日の気持ちが穏やかになるのは私たち大人も同じ。人として対等に、子どもの気持ちを理解する出来事となりました。

子どもも、自分でも噛みついてはいけないとわかっているのです。自分の気持ちが瞬時に上手く言葉にできなくて、つい噛みついてしまう。そんな気持ちは理解されなくて、否定されてはムシャクシャしてしまう。他の子に八つ当たりしてしまう。また否定される。そんなサイクルだったのかもしれません。

「おはよう！」「ありがとう！」と、友だちや保護者との楽しいやりとりが増えていきました。その結果、1週間で噛みつきの回数は激減しました。

子どもの行動に「困った」と感じるときは、その子を理解する工夫が必要です。子どもの成長を支えていくのは、「だめ」と否定したり強く叱ることではなく、子どもを理解することだと、目の前の子どもたちから学ぶことばかりです。

（河合清美、初出：『エデュカーレ』no.89）

第 3 章

「不適切な保育」を
なくすために

不適切な保育をなくすために、保育者個人および組織として、
何ができるのでしょうか？　具体的な取り組みを考えます。

保育者に聞く
「私が変わったきっかけ」

自分の保育の不適切さに気づく場面

　不適切な保育は、子どものためにと一生懸命に保育をする中で、悪気なく行われていることが多くあるものです。そのため、自分の保育が不適切であるとは思ってもみなかった、必要な指導だと思っていたということがあります。

　周囲の上司や先輩、同僚に不適切であると指導されたとしても、子どもたちのためにと一生懸命やってきたことを否定されるようなものなので、本人にとってその指導を受け入れることは容易ではありません。不適切とわかっていても、どのように変えればよいのかわからないということもあるかもしれません。逆に、不適切な保育をする仲間に、何度指導をしてもなかなか変わってくれない、指摘を受け入れてもらえないという悩みもよく聞きます。

　保育者は、どんな時に自分の保育の不適切さに気づき、改善しようと思うことができるのでしょうか。ここでは、不適切な保育をしていたことに気づき、改善してきた保育者たちに、そのきっかけについてインタビューした内容を紹介します。

子どもたちが言うことをきくためには必要
——保育者Aさんの場合

　養成校を卒業して最初に就職した幼稚園では「小学校に行ったら苦労するのは子ども。だからしっかり指導しないといけない」という雰囲気があり、並ばせたり座らせたりすることが多く、ちゃんと話を聞けるようにと子どもを厳しく指導することが求められました。

　そのような保育をしていても、近隣の小学校からは「ここの園の卒園児は静かで

きない子が多い」と言われており、保育者たちはさらに厳しく子どもたちを指導しなくては！と必死に厳しい指導をしていました。

　中でも特に厳しい先生は「いい加減にしろ！何度言わせるの！」と、保護者が自分の子どもを叱るかのような保育をしていました。厳しいなとも思いましたが、保育者でもそんなふうに怒っていいんだ、子どもたちが言うことをきくためには必要なのだと感じた私は、同じように保育をするようになっていきました。

●子どもも大人も同じ人間として尊重する気持ちを

　その後引っ越しをして、一般企業に転職しました。会社にはとても怖い先輩がいて、質問すると「はぁ」とため息をつき「あなたはどうしたいの？　この前言ったよね？」と、とても怖い顔で言われます。書類を机にバンと叩きつけて「何回言ったらいいの？いい加減にして！」と怒ることもしばしば。私だけではなく会社にいるみんながビクビクし、機嫌を損ねないようにと気をつかって仕事をしていました。

　こんな先輩と仕事をしたくない、一緒にいたくない……みんながそう思うような先輩の姿は、幼稚園時代の自分や同僚の保育者に重なりました。大人の世界ではありえないようなかかわりを子どもたちにしていたのか、あの頃の子どもたちはこんな嫌な気持ちをしていたのかな、もっと普通に話をしたらよかったのにと反省しました。当時は「子どもたちのために」と必死だったので気がつきませんでしたが、自分がされる側になったことで、自分のしてきた保育が不適切であったことに気づくことができました。

　その後出産を経て保育現場に戻り、子どもに対しても大人に対しても、人とかかわるときには威圧する必要はないということ、どう言われたら気持ちいいか、どう伝えたら伝わるのかを考えて接するようになりました。派遣保育者としてさまざまな現場に赴くと、当時の私のように怒って言うことを聞かせる先生に出会うことがあります。伝えることはなかなか難しいですが、子どもも大人も同じ人間として尊重する気持ちをもってくれたらなと願っています。

言葉で伝える大切さ──保育者Bさんの場合

最初に就職した園では、「～しなさい」「いけません」などと命令形や禁止形の言葉が常に飛び交い、怒って保育をする怖い先輩がたくさんいました。夢だった保育者になれたのに、現場の先生はこんなに怖いの？　と最初は衝撃を受けましたが、保育はこうやってするものなのだ、クラスをまとめていくためには大事なことだと一生懸命先輩の真似をして、命令形や禁止形の言葉をたくさん使って保育をしていました。子どもたちにとっては、とても怖い先生だったと思います。

●相手の同意を得ることの大切さ

あるとき、見直すべき保育の事例が具体的に書かれている書籍に出会い、その本に書いてあった「鼻水を拭く時にはいきなり拭かずに声をかけてから拭く」ことを実践してみました。すると、鼻を拭かれることを嫌がっていた子が「鼻水を拭いて」と言わんばかりに顔を差し出してきたのです。

今まで、鼻水は大人が拭いてあげるもの、1歳児が20人もいればずっと誰かの鼻水を拭かなくてはならず、鼻水が出ていては寒いだろうし汚いし、どんどん拭いていかなくてはいけない、子どもが嫌がるのは仕方のないことだと思っていた私には、とても衝撃的な出来事でした。

同じ要領で、食事の前に「エプロンつけるよ」と声をかけると、子どもたちはエプロンを嫌がらずにつけさせてくれました。これが丁寧に保育をするということなのかと思った瞬間でした。それまでも、「丁寧に保育をする」「子どもの気持ちに寄り添う」など保育をする上で大切とされる言葉には、研修や書籍の中でたくさん出会っていましたし、大事なことだという認識もありましたが、全然ピンと来ていなかったのだと思います。具体的に取り組んでみて、子どもたちの反応が変わることを実感して初めて「丁寧に保育をする」という言葉の意味を理解することができました。

●一斉にまとめなくても子どもは育つ

そうして保育の学びで出会ってきた「心を育てる」「子どもの気持ちに寄り添う」という言葉の本当の意味を考えられるようになり、今までの保育観がどんどん変わっていきました。他園の保育者と交流したり実践を見させてもらったりしたことも、大きな学びとなりました。子ども一人ひとりに寄り添った保育を見て、一斉にまとめなくても子どもは育つのだと実感し、一斉だけではない保育の仕方を模索するようになりました。

当時働いていた園では一斉保育が主流で、一緒にクラスを組む保育者も、子どもをまとめるために命令形や禁止形の言葉を多用している状況でした。自分だけが子どもに寄り添う保育をしたいと願っても、納得できるような実践をすることは難しかったため、子どもに寄り添う保育ができる園に転職しました。一人ひとりを大事にする保育ができるようになり、一斉保育で子どもをどう動かすかと必死だったころに比べると、気持ちがとても楽になりました。そのぶん子どもにゆとりをもってかかわることができています。

子どもに舐められてはいけない──保育者Cさんの場合

保育実習の時に、担任の話は聞くけれど、実習生の自分の話は聞いてくれない子どもたちを見て、子どもに馬鹿にされている、認められていないと感じた私は、保育者として働くようになってからは子どもに舐められないようにしなくては、という意識がありました。子どもたちは言うことをなかなか聞いてくれませんでしたが、子どもに舐められてはいけない、周りの大人に仕事ができないと思われたくないと、子どもにはきつく当たって保育をしていました。

自身の生い立ちでも、不器用な大人からのかかわりの中で感情をぶつけられる体験がしばしばあり、他のやり方がわからなかったのだと思います。子どもがいけないことをしたときは、「目を見て」と手首をつかみ、強い目線と口調で指導をしていました。

行事を盛大にやる園でしたが、行事よりも日常を大切にしたいと思い、児童養護施設に転職しました。遊んでいる時はよいのですが、片づけの時間になると、まだ遊んでいたい子どもたちと大人の事情のはざまでいら立ちのスイッチが入ります。子ども

たちをまとめ、ちゃんと言うことを聞かせるために自分がいる、それができないと自分の価値がないという気持ちになっていたように思います。

　ある時、子どもたちが遊んでいる隣の部屋で洗濯物をたたんでいたら、「この施設で一番怖いのは誰か？」と子どもたちが話している声が聞こえました。自分の名前が上がり、ショックと怒りで思わず戸を開け放しました。心のどこかでは、よい保育ではないこともうすうすわかっていました。天使のような笑顔で子どもに接し、怒らなくても子どもたちを促すことができる先生の様子を見て、すごいなと思うこともありました。しかし自分にはそんな保育はできないから、怒るのは仕方ないと正当化し、自分のできないところは見ないようにしてきました。

● 安心して気づきを受け入れられる場や関係性

　ある日の片づけの時間、いつものように声をかけるものの応じようとしない子どもたちに「私は一体何をしているのだろう」と無力感に苛まれました。子どもが好きで保育者になったのに、子どもに怖がられたいわけではない、私がやりたい保育はこれではないという思いから、その場で泣いてしまいました。

　すると、子どもたちはいつもと違う様子を察し、すぐに片づけを済ませ、「元気出して」と声をかけてくれました。この子たちが未熟でできないことが多いから、自分が正してあげないといけないと思ってきましたが、身体が小さいだけで大きい魂をもっている存在なのだと気づかされた出来事でした。

　コミュニケーションのとり方を間違えていたと思った私は、保育は子どもと大人という上下の関係ではなく、人間と人間のかかわりなのだと気づき、勉強するようになりました。

　コーチングを学ぶ中で、答えは子ども自身がもっている、無理にコントロールする必要はないと思うようになりました。それでも大人の事情で、子どもに行動を改めてもらうこともあります。そんな時は、「隣の部屋で赤ちゃんが寝ているから、声を小さくしてもらえる？」というように相談をしながら進めていくコミュニケーションに変わりました。

　正面から「あなたの保育は不適切ですよ」と言われても受け入れられなかっただろうなと、当時を振り返って思います。自分の力量のなさも感じているし、良い保育で

はないこともわかっている。けれど、求められることが多い毎日の中で、自分のできるやり方で必死に向き合い、これだけの業務をこなしているのに、何がいけないのか、それなら、あなたがやってよ！　と、言われれば言われるほど意固地になってしまっていたかもしれません。人の価値観が変わるときというのは、外から言われるのではなく、内からの気づきによるのではないか、安心して気づきを受け入れられる場や関係性が必要ではないかと思います。

6年間怒られ続けて成長していく子どもたち
──保育者Dさんの場合

　結婚してから保育士資格を取得し、子育てが落ち着いた30代半ばになってから、保育現場にパートとして入りました。

　私が働いた園では、0・1・2歳児であっても絵本の読み聞かせは座らないと始まらず、「この線から出てはいけません」と怒り、ウロウロする子は抱っこして席に戻す、という保育をしていました。わが子の子育てしかしてこなかった私は、その様子に「保育所って怖いところだなぁ」と感じたものの、まずは現場に慣れようと、先輩の声かけを真似して懸命に保育をしていました。

　保育補助の立場で現場にいたので、いろいろな保育者の保育を見てきました。壁をバンバン叩いて「壁ぺったん！」と壁伝いに子どもを座らせたり、乱暴な声かけをしたり、お尻や頭を子どもがよろけるほどの強さで叩いたり、真っ暗な押し入れや倉庫に閉じ込めたり……これで良いのだろうかという思いもありながら、担任の保育者がやりやすいように動くのがパートである自分の仕事だと必死で働いていました。

　1歳児クラスに入ることが多かったため、他の学年も見てみたいと思いフリーとしてやらせてもらった年度もありましたが、どのクラスでも保育者は子どもに言うことを聞かせようと大きな声で怒ったり脅かしたり……。やさしい先生は子どもに舐められている、仕事ができないと言われていました。

　たしかにやさしい先生が保育に入ると、子どもたちは言うことを聞かず、クラスがまとまらないこともあります。しかし、6年間怒られ続けて成長していく子どもたちを見て、これでは幸せにはなれないのではと違和感や疑

問が膨らんでいきました。保育をもう少し学びたいと感じた私は、YouTubeで保育関係の動画を探し見るようになりました。そして、子どもに寄り添うことや主体性の大切さを学んだり、保育所保育指針を学び直したりし、自分が見てきた保育がよい保育ではなかったのだということに気がつくことができました。幼稚園教諭の資格も取ろうと大学で講義を受講し、授業での学びや仲間との話の中でも多くの気づきがありました。

トイレの習慣をつけてもらいたい——保育者Eさんの場合

　保育者としてこれまで10年以上経験を積んできました。今まで周りの保育者と同じような保育をしてきたと思っていた私でしたが、転職先の園で、子どもとのかかわりが不適切だと言われることがありました。自分では必要なかかわりだと思っていたり、何気ないコミュニケーションだと感じていたりすることも、周りから見ると不適切と思われることがあるのか、と思った出来事でした。

　2歳児の保育に入る際、トイレに行くのを嫌がった子どもに対し、座ってみなよ！と座らせたことがありました。嫌がっていましたが、トイレトレーニングを進めていくべき年齢でもあったので、保育者が促すことは必要だと考えた末の指導でした。その姿を見て、上司は「厳しい」「無理に座らせる必要があるのか」と言いました。トイレの習慣はつけてほしいので、促さないわけにもいかないと思うのですが、嫌がったらトイレには連れて行かない？　それでよいのだろうか？　どうしたらよいのだろうか？　とわからなくなっていきました。

　時々帰りに職員室で呼び止められては、今日の声かけは怖かった、これがよくなかったよと指導をされました。何かがいけないのだということはわかるのですが、どうしていけないのか、どうしたらよいのかがよくわかりませんでした。その場で教えてもらえればまだわかりますが、帰りに言われても忙しい日中の出来事はあまり記憶にありません。直せるものなら直していきたい、園のやり方に馴染んでいきたいと思っていましたが、悩んでいるうちにまた怒られたり指摘されたりして、保育へのモチベーションも自信もどんどんなくなっていきました。帰る時には、今日

も上司に呼び止められるのではないかとビクビクしていました。

● 「あなたが悪いわけではないよ」

　園外で受けた研修会で、この悩みを相談したら、「子どもの発達を知らないだけだから、あなたが悪いわけではないよ」と言ってもらい涙が溢れました。保育所では「間違っているよ」とばかり言われてきたので、あなたが悪いわけではないと言ってもらい、心が救われました。

　子どもの発達について、養成校を卒業後、改めてしっかり学んだことはありませんでした。どう保育をすればよいのかのヒントを探るために、発達について学ぶことにしました。今はいったん保育の現場を離れましたが、発達を学んで、いつか保育現場に戻れればと思っています。

　本節では5名の保育者の話を紹介しました。子どもたちをちゃんとさせなくては、現場の役に立たなくては、という責任感をもち頑張る中で行われている不適切な保育。人によって状況もさまざまかと思いますが、どんな保育者も日々忙しい中で懸命に業務にあたっていますから、自分の保育の不適切さを受け入れることは簡単ではないのかもしれません。

　きっと誰もが「子どもたちの成長のため」と行っている保育。その懸命な姿勢が尊重され、安心できる関係性の中で、よりよい保育を模索していくことが大切だと思います。

不適切な言葉かけや かかわりを予防する 個人的な取り組み

　2023（令和5）年5月にこども家庭庁から出された「保育所等における虐待等の防止及び発生時の対応等に関するガイドライン」では、各職員や施設単位で、日々の保育実践における振り返りを行うことの重要性が書かれています。また、日々の保育実践の振り返りにあたっては、常に「子どもにとってどうなのか」という視点から考えていくことが大切であることも明記されています。

　そこで第2節では、不適切な言葉かけやかかわりをなくしていくために、個人としてできる取り組みについて考えます。

日常の心がけが不適切を未然に防ぐ

●深呼吸とつくり笑い

　保育者だって人間です。子どもたちと過ごしていると、予定どおりにいかないことばかりですから、イライラすることもありますよね。イライラしないようにと思っても、湧いてくる感情を抑えることはそうできるものではありません。

　「アンガーマネジメント」という言葉があるくらいですから、怒りのコントロールは、人間がよく抱える悩みの一つといえるでしょう。保育所では、立場の弱い子どもにそのイライラが向きやすいため、虐待や不適切な保育に発展していくことがあります。ですからイライラをどう対処してくのかというのは、とても重要な課題です。

　まずおすすめしたいのは、「深呼吸」をすること。ストレスへの対処としてよくいわれます。イライラしていると呼吸が浅くなりがちです。深呼吸をしてしっかり酸素を脳に取り込み、気分を変えてみましょう。できれば胸いっぱいに息を吸い込んで少

し息を止め、その後ゆっくり長く息を吐きます。少し気持ちが落ち着いてくることでしょう。イライラした瞬間に深呼吸する、というのは実は結構難しいものです。大きなため息をついてみてもよいでしょう。イライラした時だけではなく、疲れているな、ストレスが溜まっているなという時には、朝や休憩時間、夜寝る前に意識して深呼吸をするとよいです。

　怒りには反射的に反応せず、6秒数えるとよいともいわれます。呼吸をしながら6秒数えているうちに、少し理性的になれるようです。保育現場では、6秒数える余裕がない場面も多いかもしれませんが、1秒でも2秒でも待ってみて、反射的に反応しないことを心がけることは有効かと思います。

　呼吸をする暇もなく、すぐに対応しなくてはならない時には「つくり笑い」が効果的です。イラっとした時は、無理やり口角をあげてみましょう。怒りの感情が少しなくなるような気がしませんか。東京大学の池谷裕二教授によると、楽しくない時でも口角をあげて笑顔をつくると、快楽に関係した神経伝達物質であるドーパミン系の神経活動が変化するそうです。イライラした時、子どもに声をかける前に、ぜひ一度、無理やり口角をあげてみてください。

●時間に余裕をもつ

　時間に余裕がないと、誰でも気持ちに余裕がなくなるもの。不適切なかかわりは、急いでいる、早くやってほしいという状況で起こりがちなので、時間の余裕が大切です。身体をたくさん動かせるようにという思いから、活動時間の確保を優先し、着替えや食事の時間に余裕がもてないということがよくありますが、特に0・1・2歳児は、生活面を丁寧に伝えていけるよう、余裕のあるスケジュールを考えたいものです。

　バタバタしている中で着替えや身支度を行うと、日によって手順が変わり、子どもが混乱したり、大人からたくさんの指示が飛んできて、子どもたちが自分で見通しをもって行う機会や意欲が奪われてしまうかもしれません。そうなると、いつまでも生活面が定着していかないという状況を招いてしまいます。

また、バタバタとした中で過ごしていると、ゆったりとした気持ちで午睡に向かえず、入眠に時間がかかることもあるでしょう。ですから、安心できる雰囲気の中で進められる時間の余裕が必要です。

●完璧を求めず、子どもの成長を気長に待つ

絵本を見る時はきちんと座るべき、午睡時は布団に入ったらひと言もしゃべらず静かにするべきなど「～をするべき」という気持ちが強く、子どもをきちんとさせなくては、と思うと保育者自身がイライラしたり、無理やりにでもきちんとさせようとしたりして、不適切な言葉かけやかかわりにつながることがあります。

子どもは、うまくできなかったり失敗したりしながら成長していきます。成長を急いでしまうと、大人も子どもも苦しくなっていきます。絵本を読む場面では、みんなに聞こえるように静かにしてほしい等、やってほしいこと、やらないでほしいことは理由をしっかり伝えていくべきではありますが、すぐに完璧な結果を求めてはいけません。育ちを急がず、繰り返し繰り返し伝えることです。そのうちできるようになってくれるといいなぐらいの心持ちでいることが大切です。

●子どもの発達を知る

子どもの発達を知ることで、目の前のその子どもを理解する手立てが増えます。なぜこの子は嫌がっているのか、なぜこの子は甘えているのか、なぜこの子は何度言ってもわからないのだろうか……、その子の発達を考えると、子どもを理解するためのヒントがたくさん見えてくるでしょう。逆に、子どもの発達を知らないと、自己主張をわがままのように思ってどうにか言い聞かせようとしてしまったり、成長を急いでしまったりすることもあるでしょう。

年齢、月齢だけでなく、子ども一人ひとりの育ちを丁寧にみていくことは、子どもを理解することにつながります。子どもを理解しようという姿勢をもつことで、不適切なかかわりではなく、その子に合ったかかわりを考えることができるようになるでしょう。どうして言うことを聞かないの？　と困る場面があれば、言うことを聞かせようと頑張る前に「どうしてだろう？」と、子どもの気持ちや育ちなどの背景に思いを馳せてみられるとよいですね。

●肯定的な言い方に換える

「お片づけしないならご飯は食べられません」と「お片づけしたらご飯を食べに行こ

うね」、あなたが子どもだとしたら、どちらの声かけをされたいですか？　どちらの声かけをする保育者と一緒にいたいですか？　どちらの声かけをする保育者の話を聞こうと思うでしょうか。

　大人でも子どもでも、否定的な言い方をされたり、罰を与えられるような言い方をされたら、よい気持ちはしません。そういう言い方をする人を信頼し、次も話を聞きたいと親しみをもつことはないでしょう。

　否定的な言葉を肯定的な言い方に換えるだけでも、印象は大きく変わります。つい否定的な声をかけてしまうという人は、肯定的な言い方に換えてみることを意識しましょう（表3-1）。

■表3-1　肯定的な言い方への言い換え例

否定的な言い方	肯定的な言い方
トイレに行かないならお散歩には行けません	トイレに行ったらお散歩に行こう！
まだ準備できていないの？	ここまで準備できたんだね！
食べないと大きくなれないよ	食べると元気になるんだよ！
ご飯、今日もこんなに残したの？	今日はここまで食べられたね！
待っていられないなんて格好悪い	待っていてくれたら助かるな
お着替えも自分でできないの？	お着替え自分でできるかな？
甘えるんじゃない！	困ったときは助けるよ、教えてね
くさい！　うんち出たなら早く言いなさい	うんちが出たね、きれいにしようね
いつまで泣いているの？　泣き止みなさい	悲しかったね、涙が出ちゃうね
早く寝ないと遊べないよ	起きたらまた元気に遊ぼうね
痛くない、痛くない	痛かったね、大丈夫？
練習しないとできないよ	練習したら上手になるよ

● してほしいことを伝える

　「走るんじゃない！」と言われると、走ってはいけないことはわかりますが、どうしたらよいのかが伝わりません。「歩こうね」と言われれば、どうしたらよいのかがわかるので、走らずに歩くことができます。してほしくない行動があった際に「○○しないで！」という声かけは、どうしたらよいのかがわかりにくいことがあります。してほしくない

ことを伝える場合には、どうしてほしいのかを考えて伝えるとよいでしょう（表3-2）。

　保育者がしてほしくない行動であったとしても、子どもには必ず理由があります。「走るの楽しいんだよね、でも走ると転んでしまうからここでは歩こうね」とまずは共感の言葉で気持ちを受け止め、いけないことであれば理由とともに、してほしい行動を伝えましょう。なぜその行動をしたのかわからない際は、「どうしたの？」「何があったの？」と子どもに聞いてみることが大切です。また、子どもが保育者の話を理解して行動してくれた時には、「〇〇できたね、やってくれてありがとう、助かったよ！」などの声かけも忘れずにしましょう。

■表 3-2　「してほしいこと」への言い換え例

してほしくないこと	してほしいこと
走らないで	歩こうね
登らないで	降りようね
何度言ったらわかるの？	〇〇をしようね／どうしたのかな？
うるさい	小さな声でお話ししてね
よそ見しないの	先生の目を見てね
叩いちゃダメでしょ	嫌なことはお話ししようね
そっち行かないで	ここに座ってね
遅い！　のろのろしないの	超特急でやろう、何秒でできるかな？
そんなふうに持ったらこぼれるよ	両手で持とうね
ふざけないで	話をするから聞いてくれる？
いい加減にしなさい	〇〇してほしいんだ、できるかな？
あいだ開けないで歩いて	くっついて歩いてね
そんなこともできないの？	どうしたらできるかな

● 必要性を伝える

　いつも「片づけしないとご飯あげないよ」と言われていたとしたら、片づけをする必要性を感じることはできるでしょうか？　ご飯を取り上げられないように片づけをする、保育者に怒られないように片づけをするというのは、行動の動機としてよいとはいえません。

　保育者に怒られないように片づけをしてきた子どもたちは、怒られなければ片づけをしない子になってしまいます。片づけであれば、おもちゃがなくならないように片づけよう、散らかっていると踏んでしまってけがをするから片づけようなど、片づけの必要性を伝えていくことが大切です。行動の意味がわかることで、保育者に言われ

なくても必要なことを見極めて、動けるようになっていきます。

■表3-3「必要性を伝える」言い換え例

不適切な言葉かけ	言い換え例
片づけしないとお化けが来るよ	おもちゃがなくならないように片づけをしよう
手洗いしないとご飯あげません	手にはバイキンがついているから洗おうね！
ちゃんと座れないなら紙芝居読みません	みんなが見えるように座っていてね
お友だちを叩く子は、赤ちゃん組に行きなさい	○○が嫌だったのかな？ お話ししたらわかってくれるかもしれないよ
コップで遊ぶ子のお茶は、先生がもらいます	落とすと割れてしまうから、コップは置いておいてね
（なかなか着替えない子どもに） この服いらないなら先生がもらいます	汗をかいたままだと風邪をひくよ、お着替えしようね
話を聞かない子は知りません	今から大事な話をするよ、聞いていないと困ってしまうからちゃんと聞いていてね
静かにしないと鬼に食べられちゃうよ	声が聞こえるように静かに聞いていてね
お支度できない人は、小学生になれません	○○がなくならないように支度をしようね

積極的な予防への意識・活動

● 他の保育者・園の実践を見てみよう

　私が勤めていた園では、クラスみんなで「いただきます」をして一斉に食事をすることが当たり前だったので、どの園でもそうしているものだろうと思っていました。ある時「ランチルーム」を使って、決められた時間帯の中で幼児クラスの子どもたちが自分のタイミングで食事をとるという実践をしている園の話を聞き、そんな食事の仕方もあ

るの？　と衝撃を受けました。給食をバイキング形式で配膳している園の話も、給食室からお皿に取り分けた給食が届くことが当たり前だった私にはとても衝撃的でした。

　台風の時以外はレインコートを着て戸外に散歩に出る園の話を聞いた時も、雨の日は必ず室内遊びと思っていた私はとても驚きました。「井の中の蛙大海を知らず」ということわざのとおり、自分のクラス、自分の園だけしか知らないまま過ごしていると、狭い知識にとらわれてしまいます。いつの間にか自分の知っている保育が当たり前に

なり、違和感をもてなくなったり、新しい発想が生まれなくなるものです。

　他の保育者の保育を見たり、他の園の実践を聞いたりすると「こんなやり方もあったのか」と思うことがあります。自分の保育のねらいは何だったのかと振り返る機会にもなるでしょう。もしかしたらうちの園のやり方は間違っているのかもしれない、もっと工夫ができるかもしれないなど、とてもよい気づきをくれるものです。

　時間があれば他園に見学に行けるとよいと思いますが、他の園の保育者と話をする、具体的な実践報告などをしている研修に参加する、具体的な実践記録に関する書籍や保育雑誌を読んでみることでも十分学びが深まります。

●自分の保育を振り返ろう

　保育現場は忙しく、毎日やることに追われ、1週間・1か月があっという間に過ぎていきます。今日は子どもと心が通じたという日もあれば、何だか今日は子どもたちに話を聞いてもらえなかったと思う日もあるかもしれません。今日は子どもたちを叱りすぎてしまった、あれでよかったのだろうかと悩む日もあれば、今日は子どもたちが落ち着かず、もっと厳しく言うべきだったのだろうかと反省することもあるかもしれません。

　私は、特に保育者になってからの数年間、帰宅する通勤路で、いつもそんなことをグルグルと考えて嬉しくなったり落ち込んだりという日々を過ごしていました。その日にあったことをメモ帳に書き残し、明日はもっとこうしてみよう、次遊ぶときはこれを用意してみようと考えていたこともありました。勤務時間外に行うことは好ましいとはいえませんが、保育を振り返り、自分はどうしたかったのか、子どもの気持ちはどうだったのか、子どもたちの何を育てたいのだろうかと立ち止まって考えたり、次の手立てを考えたりしていた時間は、保育者として成長する上でとても大切であったと感じています。

　周りを見ていると、「あぁ今日も疲れた」と過ごす保育者と、日々自分の保育を振り返り次はどうしようかと悩んで過ごす保育者とでは、1年間でも成長の差が一目瞭然なように思います。

　幼児教育の父とも言われる倉橋惣三氏の著書『育ての心』の中にある「子どもらが

帰った後」という章には、反省を重ねている人だけが真の保育者になれると書かれている一節があります。保育は1日2日でうまくできるようになるものではありませんし、全員にとって完璧な保育はきっとありません。何年経っても自分の保育を振り返り反省を重ねていける保育者でありたいものです。

不適切な保育を予防するためだけではなく、日々の保育をよりよくしていくためにも、保育の振り返りはとても重要です。日誌を書いたり、クラスでミーティングをしたりしながら日々保育を振り返る、できることなら自分だけではなく仲間と一緒に振り返ることができると、新たな気づきを得て、よりよい保育実践へと向かうことができるでしょう。

●自分の保育を動画に撮って見る

保育を振り返る際におすすめしたいのは、自分の保育の様子を動画に撮って見てみることです。あれ、私こんなに表情固いんだ、意外と言い方きついかも、この言い方わかりづらいなぁなど、思っている以上に新たな気づきがたくさんあるものです。動画で自分の姿を見るなんて、恥ずかしさもありドキドキしてしまいますが、やる気のある方にはおすすめです。

取り組みで迷ったときには

●何が適切かわからなくなったら……

保育を考えていくと、どうするのがよかったのかわからなくなることもあるでしょう。子どもの気持ちを単純に受け入れていればいいわけではなく、時にはそっと背中を押したり、前に向けるようなかかわりをすることが大事な場面もあります。これでよかったのだろうか、もっとこうしてもよかったのかと考えたり、仲間と語り合ったりすることで保育が深まっていきます。

どうしたらよいのか迷ったときには、幼稚園教育要領、幼保連携型認定こども園教育・保育要領、

保育所保育指針といった法令や園の方針に戻ってみるとよいでしょう。何を大切にしたらよいのか、どこに向かっていくべきなのかのヒントがたくさん書いてあります。

●もし不適切な保育をしている人がいたら？

　「保育所等における虐待等の防止及び発生時の対応等に関するガイドライン」の中に記されている虐待の事例の中には、「他の職員等がこどもに対し不適切な指導を行っている状況を放置する」という具体例が書かれてます。周りの保育者が不適切な指導を行っていることを把握しながらもそのまま放置していたとすれば、その行為が虐待にあたるわけです。しかし相手がベテランであったり、聞く耳をもたなかったりする場合には、直接伝えてもトラブルになってしまう、なかなか伝えることができないという状況が多いことでしょう。一人で抱え込まず、園長や主任に相談し、組織として対応してくことが必要になってきます。

　不適切な保育をしている人は、不適切だという自覚がなく、子どもたちのためにと責任感をもって保育をしていることもあります。責めたり否定したり、どちらが正しいかと議論するのではなく、その人の気持ちや背景も大切にし、一緒に保育をする仲間として対話をしながら解決していきたいものです。　　　　　　　　　　　　　❖

不適切な言葉かけや
かかわりを予防する
組織的な取り組み

組織の意味を再確認する

　広辞苑では、組織は「ある目的を達成するために、分化した役割を持つ個人や下位集団から構成される集団」と定義されています。

　園に当てはめるとしたら、「子どもの成長をサポートするために、担任、リーダー、主任、園長、看護師、栄養士などの分化した役割をもつ個人や、クラスやフロアなどの集団から構成される、園という集団（園の上位としては、法人という集団もある）」といったところでしょう。

　組織的な取り組みのためには、目的の明確さ・個人の役割の明確さ、園の中での小さな集団としての機能などを考えていく必要があります。また、園長・主任・リーダーの役割としては、組織の目的・目標を個人の考え方や振る舞い方に浸透させていくために、どのように職員を育成していくか？　自分たちの実践をどのように振り返っていくか？　という課題があります。

　「自分はわかっているけれど、どのように伝えていったらいいのだろう？」と迷っている人も多いと思います。ここでは組織的な取り組みについて考えてみましょう。

● 人権感覚を育成する

　「人権感覚とは、人権の価値やその重要性にかんがみ、人権が擁護され、実現されている状態を感知して、これを望ましいものと感じ、反対に、これが侵害されている状態を感知して、それを許せないとするような、価値志向的な感覚である。」（出典：文部科学省「人権教育の指導方法等の在り方について[第三次とりまとめ]」）

組織的な取り組みとして「人権感覚の育成」という視点を大切にしたいものです。知識では「行ってはいけないことである」とは知っている、けれどもつい、感情任せに振る舞ってしまう、そのような場合がほとんどではないでしょうか。子どもが相手の場合は特に、力で押し切ることが安易なため感覚が麻痺してしまい、不適切な行為が常態化し、さらに

は虐待に発展していくので、どこでブレーキをかけられるかが課題となります。

　「このかかわりは、おかしいよね」と、子どもの人権が侵害されている状態を感知する感覚があれば、忙しい保育現場の中で感情に流されてしまうことの歯止めになるわけです。

　ブレーキとなる感覚が身につくためには、1回伝えた、わかっているはず、できるはず、というわけにはいきません。何度も繰り返し、確認し合ったり、学び合ったり、考え合ったりし続けることで、感覚として身についていくのです。

　人権感覚の育成という視点に立てば、「もう、そんなことわかりきっている」「毎回毎回、同じことを言われる」という反応が起こりにくくなりますし、育成する側も「何度言ったらわかるのかしら?」と焦りやあきらめにならずに、「何度でも伝えていこう」とシンプルに考えられるようになります。

　スポーツ選手やピアニストが毎日トレーニングをし、その身体感覚を磨きあげていくのと同じように、私たちも人権感覚を磨き続けることで、専門職として成長していくのです。

組織的な取り組みのキーワードは「繰り返し」

●組織としての目的・目標の確認

　まずは、全体的な計画に「子どもの人権擁護」を明記することをおすすめします。

　幼稚園教育要領、幼保連携型認定こども園教育・保育要領、保育所保育指針の3法令すべてにおいて、各園には「全体的な計画」を立案する義務が位置づけられています。全体的な計画は、施設内の1年間の運営において必要な事項をすべて書き込んでおくものです。みなさんの園では、全体的な計画に子どもの人権擁護の視点や、職員として共通にしたい子どもへのかかわりは明記されていますか?　未記載であれば、全体的な計

画の中に位置づけていきましょう。自治体によって
は、監査時に確認する場合もあります。

　毎年、年度初めに園の目標を確認する際や、年
度終わりに目標に対して振り返りを行う際に、繰
り返し確認し合いましょう。また、毎年見直すこと
が必要です。例えば、子どもの腕を引っ張ってしま
い、肘内障を起こしてしまったという事故があっ
た翌年は、「生活や遊びの援助の際に子どもの腕を引っ張り、強引に身体を動かすこ
とはしない」などと追記していくと、1回のエラーが継続的学びの素材となり、組織の
土台として確かな力になります。

●子どもの人権擁護に対することの可視化

　可視化とは、見えないものを目で見えるように文字や数字など形に表すことです。

　園独自のマニュアルやガイドラインを貼り出せるようなスタイルにして、職員に配
布するだけでなく、**園内に貼っておき、毎日職員の目に入るように**しておきます。

　人権に関する研修を依頼されて行ってみると、毎回「人権は身近なことだと感じた」
という感想をいただきます。それほど、人権は、多くの保育者にとってまだまだどこ
か他人事で興味の低い対象なのです。

　広告などで何度も目にすることで、その商品に興味をもっていくことがあります。
子どもたちの安全と安心を守ることの可視化により、人権を身近に感じやすいよう
にしていくことが、保育者としての自分たちの安心と安全を守っていくことにもつな
がっていくのです。

●研修の実施や外部研修受講を組み立て学ぶ環境づくり

　子どもの人権擁護に対する知識、具体的な対応方法のスキル、子どもの心を理解す
るための発達に関する学習など、繰り返し学ぶ環境を整えていくためには、園や法人
として努力を重ねていく必要があります。行政が実施する研修がある場合は、行政か
らのお知らせもあります。

　園内研修の機会を設けたり、外部研修に参加した人の報告会を開いたり、資料を回
覧したりし、他の職員にも内容を共有したりしましょう。大切なのは、子どもの人権擁
護に関する考え方に触れる回数を増やすことです。

　研修を企画するのが難しい保育現場においては、時間の捻出が何よりの課題になり

ます。会議の際、関連した文献の読み合わせをすることも1つの方法です。資料の読み合わせは、発言者の主観的な話で終わらずに心に残りやすいものです。目で文字を追う、耳で言葉を聞く、視覚・聴覚を合わせて使いながら情報をインプットしていく方法だからです。アンダーラインを引きながら読めば、手を動かすことを含め、3つの感覚を使った学びとなります。

　参考図書の回覧も1つの方法です。ほんの少しのことでも、実施するのとしないのでは大違いです。資料や参考図書の活用は、短時間の勤務で一緒に保育を支えている職員とも共有しやすい方法です。

●チェックリストの活用により、実践の振り返りを組織する

　セルフチェックを個人任せにせずに、**時期を決めて取り組むことが大切です**。チェックシートに取り組んで、どんな振り返りの視点があったか？　周囲の職員の振る舞いで気になっていることはあるか？　子どもとのかかわりで苛立ちやすい時間や場面などはあるか？　などのコメントを集めていくと、実施している記録にもなり、組織的取り組みに反映しやすくなります。子

どもの人権擁護の観点から望ましくないかかわりが、不適切なかかわりとして常態化する前に、手立てを打ちやすくなります。

　子どもとの関係が深くなったからこそ、ついきついことを言ってしまうことが増えてきた……という気づきが生じることもあります。長い経験が過信や油断、思い込みになることもありますので、繰り返し取り組むことが大切です。

　健康診断も年に1回〜2回定期的に行うものです。子どもの人権擁護のための健康診断だと思って、組織的に位置づけていくとよいでしょう。

　評価を懸念して正直に書かない人も出てくるかもしれません。どうしたら職員が正直に取り組めるかという視点で考えていくことが大切です。どんな取り組み方だったら、正直に振り返ることができるかと相談し合ったり、アンケートを実施したりして、職員と一緒に取り組み方を工夫していくのもアイデアの一つです。

　問いかけるというコミュニケーションは、思考するという行為を引き出します。**チェックリストやアンケートは、職員への問いかけ**となっていきます。

● 日常のサポートやコミュニケーション

「書面で伝えました」「会議で話しました」「研修で伝えました」「振り返りを実施しました」。それだけではやはり、トップダウンで終わってしまいます。現場に足を運び、保育の状況を把握していくことが必要だと考えています。

子どもの大きな泣き声や保育者の大きな声が聞こえてきたときに、園長、もしくは主任がその現場に足を運んでいるでしょうか?

例えば、転んでテーブルに頭をぶつけてしまったのかもしれない。けがが起こり、職員はきっと対応にあせっているでしょう。また、子どもがその発達の過程において、泣いて自分の気持ちを表現しているかもしれない。その状態も職員は対応に困り、ここは丁寧に受け止めたいが、他の子どもを見る人がいない……と迷っていたりするかもしれません。保育を支え合う仲間として、現場で保育のことを共有していきましょう。

万が一、職員が苛立ちにより望ましくないかかわりをしている場合でも、その場は「どうしたの?」とおだやかに声をかけながら苛立つ気持ちをその場でなだめるようにかかわります。

「どうした? 大丈夫?」「困っている状態だったら助けるよ」というスタンスで、子どもの泣き声や保育者の大きな声が聞こえたら、現場に足を運びます。そのコミュニケーションの習慣化が、不適切な保育を組織として脱却していく土壌をつくっていくのです。

● 職員間のすれ違いにも注意

子どもへの苛立ちの原因が、職員同士のすれ違いにある場合も珍しくありません。

例えば、Aさんは、"その子は今、自分の中の葛藤を乗り越えていく時"と考えて、子どもの力を信じて、子どもの苛立ちをもそっと見守っています。Bさんは、手っ取り早く手伝ってしまえば、子どもは泣かずに済むだろう、心地よく生活が進むほうがよいと考え、手を差し延べます。ここは見守る? 支援する? そんなすれ違いがたび重なっていると、互いのかかわり方に不満を感じストレスを抱えていきます。

Aさんは「Bさんのせいで、この子は甘えるんだ!」と感じ、Bさんに冷たい態度をとったりします。Bさんは「Aさんはもっと丁寧にかかわったらいいのに」「Aさんは厳しい。子どもがかわいそう」と心の溝を深めていきます。みなさんにもそんな経験はありませんか。

少し視点は違いながらも、子どものことを考えていたはずなのに子どもへのかかわり方が気になり、互いの保育に対する苛立ちへと視点が変化し、嫌悪感を強めていきます。そのストレスが子どもに向く結果になってしまい、「もう知らない！　あの人が勝手にやればいい」と互いをサポートし合わずにネグレクト的なかかわりになってしまうケースもあります。職員の苛立ちの背景に、職員間のすれ違いが潜んでいないか？という観察も必要です。

◉チャンス！　チャレンジ！　チェンジ！

　職員の苛立ちに気がついたら、それはチャンスです。苛立つ場面はどんなことでしょう。すべては一緒に成長を考えていくチャンスです。
- 環境を見直すチャンス
- 子どもを理解し合うチャンス
- 職員間のすれ違いを調和していくチャンス
- 一緒に知恵と力をあわせるチャンス

環境チェンジの例

　年度初めの3歳児。着替えの際にフラフラとどこかに行ってしまい、落ち着きません。一人担任ではとても見きれない。「もー！いい加減にして！」と苛立つ。その苛立ちは環境を見直すチャンスです。

　「ここで着替えようね」ということがわかりやすいように、マットを敷く、ベンチを設定するなど、環境的なアプローチで解消することはたくさんあります。子どもにゆとりをもってかかわるという共通の目標をもち、園・クラスというチームとして環境を整えてみましょう。

子ども理解の例

　噛みつきやひっかきの多い子ども。他の子どもに傷をつけてしまうことが重なると、乱暴な行為を防ぐためにあせりが生じて苛立ちます。その苛立ちは子どもを理解するチャンスです。

　どんな時間帯に、誰との関係で起こるのでしょうか？　メモ程度の記録をとることで、一緒に保育をすすめる仲間と共に手立てを発見しやすくなります。「困った子」という視点から、「いつ、どこで、何に困っている？」と子どもを共通理解する視点にチェンジしましょう。

職員間の調和の例

あの人は「甘い」とか「厳しい」という他の職員の対応が気になって苛立つ。その苛立ちは、子どもへのかかわりの本質を学ぶチャンスです。保育指針は？　教育要領は？　どんなことを保育・教育のねらいにしているのでしょうか。

例えば、片づけをしないという子どもの姿へのかかわり方に違いが生じたとします。3歳以上児は『健康』の領域に「園における生活の仕方を知り、自分たちで生活の場を整えながら見通しをもって行動する」とあります。保育の意図は、片づけをさせることではなく、どうしたら「自分たちで生活の場を整える」ように見通しをもてるだろうかと工夫することにあります。

1歳以上満3歳未満児は『環境』の領域に「自分の物と人の物の区別や、場所的感覚など、環境を捉える感覚が育つ」とあります。どこに何があるのかをわかりやすく整え、子どもが環境を認識しやすくするための工夫が大切です。

保育者同士の子どものかかわり方に対するすれ違いを感じた時は、保育・教育のねらい及び内容を確かめて一緒に学びを深めていきましょう。

組織力向上のチャンス

"苛立ちには変化・成長のポイントがある"とネガティブな感情を肯定的に受容することで、一緒に力をあわせる組織力向上のチャンスになるのです。

組織的取り組みとは、現状にダメだしをすることではありません。手は横につなぎ、足は一歩、また一歩前に出していく。誰かがつまずいたら、立ち止まっていたら「何やってるの？」と責めるのではなく、「あの人わからないよね」と見放すのでもなく、未来を描き一緒に歩む。そんな組織イメージでありたいと思います。

組織的な取り組みは、しっかりと位置づけて立派なことをやろうと考えると、なかなか手をつけられずに終わってしまいます。大切なのは「1mm単位の積み重ね」です。何も意識せずに1年が過ぎれば、0mm×365日＝0mmです。1mm程度のほんの少しの取り組みでも、1mm×365日＝365mm、36.5cmです。確かな変化として結果が現れるはずです。焦らず、あきらめず、試行錯誤をしていきます。一人で考えるのではなく、相談できる仲間を、一人、また一人と増やしていけたら心強いですね。

不適切な保育が社会的話題となり、胸が痛くなることも多いのですが、組織的取り組みを相談しやすい状況になったチャンスとして捉えて、不適切な保育から脱却するために一緒に進んでいきましょう。

私の園の小さなひと工夫

　日々の積み重ねが不適切な言葉かけやかかわりの予防につながります。ここでは各園で行っている取り組みを紹介します。

セルフチェックリスト活用術*

全職員でセルフチェックリストを活用して、自園の傾向を把握

　全職員がセルフチェックリストにて振り返りを行い、研修担当が集計します。集計することによって自園の傾向を統計化することができます。その集計結果を共有しながら対策を話し合い、職員と共有しています。

（東京都江戸川区　認可保育園　園長）

個人での取り組みに終わらせず統計化することで、個人を責めるのではなく、園の課題として、自園のこれからを一緒に考えやすくなりそうですね！

セルフチェックリストを活用しながら職員面談

　全職員がチェックリストに取り組んだ振り返りをもとに、職員の個人面談を行っています。面談では、他の職員のかかわりで気になっていることはないか？などの聞き取りも行います。

　一人ひとりの職員の意識を高めるためにも、見て見ぬふりを防いでいくためにも、年に1回位置づけています。イライラしてしまう対象の子どもがいつも同じである場合は、その子に対する理解を深めるきっかけにもなります。「イライラしてしまうこともありますよね」と受容的に話を聞き、職員が本音を表現しやすいように配慮しています。

　子どもたちの心が傷つく保育になる前に、内部からの告発となる前に、まずは

　　　＊セルフチェックリストは全国保育士会をはじめ、自治体などで独自に作成しているものがあります。

園内で日常的に気になったことを伝えてもらえる仕組みや関係づくりが大事だと改めて感じています。

　全職員で取り組むことで、パートさんが客観的によく見てくださる心強い存在になっています。

（東京都大田区　認可保育園　園長）

 苛立ちや不安を伝えてよい時間、気持ちを整理する時間は、職員一人ひとりにとっても必要ですね。

セルフチェックリストをクラスでの話し合いに活用

　セルフチェックリストは年一回クラス単位で活用しています。日々、一緒に保育をする機会が多い職員同士で話し合いながらチェックをし、お互いの保育での子どもへのかかわりを確認し合っています。職員同士が話し合うことで、日常の保育での行動や言葉かけの変化につながるのではないかと思っています。

　個人の振り返りは、保育者の自己評価表に不適切保育の項目を入れるかたちで行っています。項目は「子どもの人権の尊重」（身体的苦痛を与えていないか・人格を否定するような言葉をかけていないか等）です。

（埼玉県　認可保育園　園長）

 チェックリストをクラスで議題にすることで、客観的に冷静に、互いを否定し合わずに話し合うことができそうですね！

不適切な保育の予防は、適切な保育の共通理解

保育所保育指針が保育の土台

　保育所保育指針では、「一人一人」という視点や、愛情豊かな受容的・応答的かかわりが重視されています。

　私の園では『保育所保育指針活用クリアファイル』を全職員に配布しています。保育の方向性を日常の中で確認しやすいようにするためです。一人一人というワードや、受容的応答的関わりのワードがマーカーで一目瞭然なので、適切な対応を確認しやすいと感じています。

　受容的・応答的関わりへの意識が高まることで、不適切なかかわりは間違って

いるのだという考えが広がっていくと思います。

（埼玉県　認可保育園　園長）

 不適切なかかわりを否定すれば保育の質が向上するのではなく、適切なかかわりを学び合うことで保育の質が向上します。保育所保育指針はその基礎ですね。

適切な保育を集めて、イメージの共有

　適切な保育（他の職員に紹介したい普段の保育）をアプリで共有しています。アプリは全職員が登録しています。

　ポジティブな側面のアプローチとして、こんな遊びをしてみました／こんなふうに環境を整えてみました／このようにかかわってみました／子ども同士のかかわりはこんな様子でした／こんな成長がありましたなどの保育記事をシェアしています。

（東京都江戸川区　認可保育園　園長）

 ニュースでは不適切な保育のイメージばかりが広がってしまいがちです。ポジティブな保育のイメージの共有は未来をよくしていく原動力！

研修参加と研修内容の報告

法人が企画する人権研修へ参加

　法人が、人権研修を企画してくれています。忙しくて参加を見送る研修もありますが、人権をテーマにした研修は必ず誰かが参加できるように調整しています。参加者の感想を共有することと、研修資料の回覧・閲覧など『人権』という考え方に触れる機会を増やし意識の継続になればいいと思っています。

（千葉県　小規模認可保育園　主任保育者）

　園内研修の実施が時間的に難しい現場でも、法人や行政が企画する研修に参加し、保育者の学びの機会を増やしていくことが小さな一歩となりますね。

外部研修の内容を抜粋して、園内研修にアレンジ

　外部研修を受講して、その内容の一部を園内研修としてアレンジしてみました。忙しい中で、1から研修を考えたりつくったりすることは時間も労力も使います。外部研修に積極的に参加して、園内研修になりそうな情報を集めています。

　園内での展開なら、資料をそのまま活用することを許可していただけたので、園内研修もすぐに実施することができました。

（東京都　認可保育園　園長）

　園長・主任・研修担当者が外部研修を受けながら園内研修づくり。一緒に学び合っている姿勢が職員に届いていくのでしょうね。

会議の前に資料を読み合い、ちょこっと研修

　配置基準どおりの職場では、会議や研修の時間もなかなかつくり出せないのが現状です。

　保育雑誌は、その時々の話題が特集されていて、5分程度で読み合える内容にまとまっています。自分だけが雑誌を読んでいるだけではもったいないと考え、会議の中で読み合ったり、ラインを引いて掲示したり、他の職員にも伝わっていくように工夫し始めました。

（東京都　認可保育園　主任保育者）

資料を読み合うときは、伝える側・伝えられる側という関係性ではなく、一緒に学び合う関係性になりますね。

適切なかかわりをされることを体験！体験型の研修

声をかけられずにいきなり着替えの介助をされることの疑似体験をします。

① 2人組でペアになり、1人が大人役、1人が子ども役になります。

② 保育者役は、そっぽを向いている子ども役の腕を掴んで、手袋をつけていきます。子ども役はどんな感覚を味わうでしょうか？どんな気持ちになるでしょうか？　その気持ちに合わせて、子ども役は手を振り払ったり、引っ込めたりしていいというルールです。

③ 交互に試してみます。

④ 次に、保育者役は、子ども役に手袋を見せ、目を合わせて、「手袋つけようね…ここに親指は通るかな？」などと言葉を交わしながら、子ども役の反応を確かめながらつけていきます。

子ども役はどんな感覚を味わい、どんな気持ちになるでしょうか？

気持ちに合わせて動いていいルールです。

⑤ 交互に試してみます。

子どもの気持ちを確かめずに行う強引なかかわり方と、子どもの気持ちを確かめながら行う丁寧なかかわり方。体験して比較して、気づいたことをディスカッションします。

これは、私（河合）が研修や園内研修で実施する方法です。ニトリル手袋など、どこの保育園にもある身近な物で行えます。

（河合清美　対面での人権研修より）

オリジナル資料をつくって見える化

資料をつくり、園内研修を実施しながら、職員に配布しています

◆保育について　子どもが主役・大人の声より子どもの声が響き渡る保育園に♪

◆職員一人一人が働きやすい保育園にするために

　ア　謙虚に、素直に、温かい気持ちを忘れずに、誰に対しても思いやりをもって接する

　イ　愚痴、悪口、陰口を言わない

　水曜日はノー残業デー

◆子どもの人権と尊厳を守るために

　全職員が意識するポイントと不適切な保育を見かけたときの園長の対応を明文化

（神奈川県横浜市　認可保育園　園長）

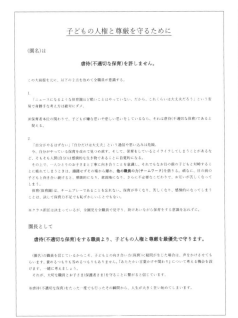
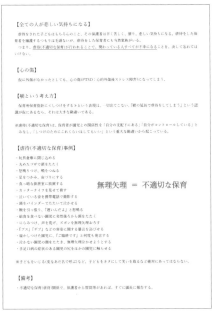

どんな保育をめざしているのかを明確にする。職員を大事に思っていることを明確に伝える。その上で、子どもの人権に対し意識してほしいことを具体的に示し、さらに、不適切な保育を見かけたときの園長としての対応は事前に示しておく。全体的なバランスをとっていくのが園長の役割なのだと改めて感じました！

ポスターにして園内掲示　保護者との共通理解を深める

　子どもたちが主体的に活動し、生活していくことを保障するために、不適切な保育は防ぎたいものです。子どもたちの人権をたくさんの人が見守る状態をつくることを考えました。一番の味方は保護者です。子どもたちへのかかわりを保育の場面ごとに具体例を挙げて、ポスターをつくりました。園の玄関、エレベーターホールなどに額に入れて掲示しています。

　入園見学会や入園説明会の資料としても配布しています。職員側も、採用面接時、入社時にはその資料で子どもたちへのかかわりの方針を確認しています。

　子どもにかかわるすべての大人と共有することで、大切にしたいかかわり方を確認し、「このかかわり方、おかしいのでは？」と気がつきやすい環境を整えています。

（河合清美　自園での取り組み）

保育者の心と体を健康に保つために

　『保育士健康手帳』というものを作りました。保育者自身、自分をよく知り、自分と向き合えるようにしていくためです。イメージとしては、母子手帳のようなものです。

　どんなことにイライラしてしまいがちなのか？

　不安や心配事はないか？　など

心と体の健康を把握するために毎月記入してもらい、園長の私が返事を書いています。内に秘めた思いや考えに触れることができて、保育士の心の健康を守れているように感じています。

（神奈川県川崎市　小規模認可園　園長）

保育者の心身の健康は、子どもたちに愛情深くかかわる源の一つ。保育者の人権が守られてこそ、子どもの人権を守る感覚が磨かれていくのでしょう。愛情深さに感動！

会議の中で、goodニュース、badニュースを伝え合う

不適切な保育があれば改善し、より良い保育を目指していくためには、保育者同士が信頼し合い、風通しのよい職場をつくることが大切であると思っています。そこで、フルタイムの職員が集まって行う職員会議の中で、それぞれが振り返りシートを記載し、1分程度で発表する時間を設けています。発表する内容は、前回からの振り返り、goodニュース、badニュース、次回までに頑張ることの4点。goodニュースやbadニュースを伝え合うことで、みんながどんなことを頑張っていて、何に困っているのかなどを知ることができます。仕事をしていると、もっとこうやってほしいなどの不満が出てくることもありますが、相手も頑張ってくれているんだということを知れると、助け合ったり応援し合ったりできるようになってきます。自分の困っていることを知ってもらうことで、職場の仲間への安心感をもてるようにもなってくるように思います。

（こどもの王国保育園　菊地奈津美　自園での取り組み）

職員も一人ひとり違う人間だからこそ、すれ違いは起こるもの。だからこそ、職員同士が相互理解を深めていけるひと工夫が大切ですね。

本当に "好き嫌い" なの？

ついこの間まで、保育所や学校での給食は、残さず食べるのがいいとされていた時代だった気がしています。栄養管理上、一人あたりの摂取目安量などもあるため「ちゃんと食べさせなければ！」となったり、「もったいない」という大人としての価値観で譲れない感情になってしまったりするのが、食事の場面ではないでしょうか。"子どもの口に無理矢理苦手な物を押し込んだ""その園では全部食べるのが暗黙のルールだった"など「不適切な保育」として話題になることが多い3歳未満児の食事について、改めて考えてみましょう。

「いや！」の背景を考える

離乳食から幼児食へ移る頃、食事の場面でも「これヤダ！」と好みをはっきり主張する姿が増えてきます。この前までは食べていたから、食べられるはずなのに……わがままを言うようになってきた。そんなふうに感じてしまうこともありますね。

「無理強いはしない」は大切です。一方で「嫌いだから仕方ない」と決めつけてしまうのもなんだか違う気がします。さて……どうしましょう？

保育でこの「どうしましょう」に出会うとき、「いったい何をしたらこの子はできるようになるのだろう？」という『大人⇒子ども』の関係性での考えが頭をよぎります。「できるようにさせたい」、どこか対等ではないのかもしれません。

相手を尊重するテーマの1つに、『相手を理解する』という視点があります。何をするか？の前に「いや！」の背景を考えてみましょう。

離乳食から幼児食へと進みながら、味覚も発達していきます。甘味・旨味・塩味・酸味・苦味と、一つひとつ慣れていきます。人間も動物ですから、生まれながらに本能としての味覚があります。それが、食事という文化としての味覚へ成長していくわけです。

甘味＝糖質。エネルギーの味です。旨味＝アミノ酸やタンパク質。身体をつくっていく味です。塩味＝ミネラル。身体を整えていく味です。この3つは本能的に身体が求める味です。

本能にとって、酸味＝腐敗、苦味＝毒を意味しています。「いや！」というサインが出やすい味です。どのように食べさせるかの前に、どんな味覚がいやの背景にあるのか？　相手を理解することを大切にしたいものです。

味覚の他にも、舌触りで苦手さを感じる子もいれば、噛む力が弱く固さに苦手さを感じる子もいます。

「これは少し酸っぱかったかな？」「苦い感じがしたかな？」「これはグニャってするね」「少し固かったかな？」

「いや！」とひとまとめになってしまっている感じ方を子ども自身が認識していけるように言葉を添えていきます。

食べる主人公は子ども自身です。この先、その子自身が人生の中で食べる主人公になっていきます。私たちはそのサポートをしています。まずは子ども自身が、自分の味覚を認知していくサポートをするという視点が大切です。

「無理強いしない」とは、好き嫌いなく何でも食べられるというゴールを急がずに、子ども自身が食の主人公になるようにする、という

ことではないでしょうか？

　「好き嫌い」とか「偏食」などという認識を大人側がしてしまうと、なんとかしなくちゃ！という気持ちが強くなってしまう気がします。「選り好み」が始まったんだと視点を変えると、成長のプロセスにかかわっている保育者としての自覚につながります。子どもの姿を肯定的にみることができ、気持ちにもゆとりが出てきます。

押してダメなら引いてみな

　私自身、「ゆとりをもってかかわりたいけど、そんな時間はない。忙しくてバタバタしている」と感じていた時代もありました。押してダメなら引いてみな。そんな諺があるように、「今日は終わりにしようかね」と食事の時間が苦痛にならないように、その場は引いてしまうことも1つの方法です。さまざまな食材への挑戦は、3歳を超えて、なりたい自分や大きくなることへの憧れを子ども自身が抱けるようになってからでも遅くはありません。

　成長して、子ども自身が食の主人公になるからこそ、選んで食べようとする好みがはっきりしてきます。「選り好み」が始まる2歳前後は、この先の人生でもっと幅のひろい味、舌触り、固さなどを楽しんでいくための準備段階なのです。子どもの"イヤ"という反応に対して味覚や舌触りなどを表現するための言葉をプレゼントする時代なのかもしれませんね。

　『食文化』という言葉があります。食は文化です。文化とは「人間が自然に手を加えて形成してきた物心両面の成果」です（広辞苑）。食事の量は物的成果。量を食べることだけが成果ではありません。楽しく食べるという心の成果にもこだわりたいものです。

　食事を提供するときの「わー、おいしそう！」「おいしいね」などの言葉かけや、テーブルに花を飾ってみるなどの食事環境のデザイン。楽しい・嬉しい・おいしいという食事の雰囲気づくりを問い直してみませんか？

　　　　　　　　　　　　　　　　（河合清美）

第 **4** 章

それでも
「不適切な保育」が
起こったら？

―― リスクマネジメントと
クライシスマネジメントの
視点から

組織としていろいろと手を尽くしたとしても、不適切な保育が起きてしまったら？　そんなときはどうしたらよいのでしょうか。本章では、そんな事態に直面したとき、園としてどのような対応をしていくべきか考えてみたいと思います。

不適切な保育を
マネジメントする

放置すると蔓延していく不適切な保育

　不適切な保育は、蔓延していく性質があります。最初は誰か一人の行為だとしても、見て見ぬふりをすることで、いつの間にか「やっても何も言われない」行為になり、同調意識も生まれたりして、複数の保育者が不適切な保育を行っていく危険をはらんでいるように思います。

　とくに、不適切な保育をしている人物が、存在感があったり自己主張の強い保育者であったりしたら、「注意できない」「逆らえない」「反論できない」だけでなく、その保育者に同調し不適切な行為が常態化するという、あってはならないことが起こりかねません。

　実際に、昨今報道されている不適切な保育の事案を見ていると、園の中で一人だけがしているのではなく、複数の保育者がかかわっているものが多いように感じています。とすると、「**不適切な保育は広がっていく性質をもつ**」ことを踏まえて考える必要がありそうです。

　ところで、みなさんの職場では、ポジティブな噂話よりもネガティブな噂話（不平・不満・愚痴）のほうが広がりやすくありませんか？　ポジティブな話は広めるのにエネルギーが必要です。しかし、ネガティブな噂話は「つい」してしまったり、同調することで妙な連帯意識が生まれたりして、広がっていくのにエネルギーを要しません。「人は易きに流れる」といわれるように、人は無意識のうちに楽なほうへと流れていく弱さをもっています。

このように、ネガティブな言動は勝手に広がっていく怖さをもっているからこそ、不適切な保育を防ぎ、毅然と対応していかなければなりません。そのためには、しっかりと不適切な保育をマネジメントしていく必要があるのです。

リスクマネジメントとクライシスマネジメント

不適切な保育への対応は、危機管理対応の一つとして位置づけられます。危機管理を考える上では、リスクマネジメントとクライシスマネジメントという2つの視点で捉えることが大切です（表4-1）。

リスクマネジメントというのは、起こりうるリスク（危険性）に向けた事前対策のことであり、クライシスマネジメントとは、起こったリスク（危険性）に対しての事後対応を指します（どちらも含んでリスクマネジメントといわれることもあります）。

■表4-1　リスクマネジメントとクライシスマネジメントの違い

リスクマネジメント	起こりうるリスク（危険性）に向けた事前対策
クライシスマネジメント	起こったリスク（危険性）に対する事後対応

つまり、不適切な保育が発生しないようにどのように事前対策をするかという視点と、もし起こってしまった場合、どのように対応するのかという視点から考えていく必要があるのです。

人は感情を伴う生物ですが、誰もが感情をコントロールできるとは限りません。保育者の多くは、子どもが好きだから保育者になったにもかかわらず、子どもの言動に感情が昂ぶったり揺れ動いたりすることもあるはずです。だからこそ、「保育者ならそんなことをしないだろう」ではなく、「不適切な保育が発生しないためにはどうしたらよいだろう」「発生してしまったらどうしたらよいだろう」と真剣に考え、対応していく必要があります。

起こってしまった後では「あのとき、やっておけばよかった」と後悔するに違いありません。保育現場は慌ただしい日々の連続です。とくに最近では、事故予防や保護者支援、地域支援など、以前と比べて園や保育者に求められることが増えています。しかし、それを理由に万が一の対応を怠ったとき、大切な命、大切な日常を失ってしまうのです。本章ではそういった視点から、虐待を疑われるような重い事案としての不適切な保育が起こらないためのリスクマネジメントと、起こった場合のクライシスマネジメントを学びます。

リスクマネジメント

本節では、リスクマネジメント（起こりうるリスクに向けた事前対策）として、何が必要になるのか考えます。

就業規則への位置づけと対応

●就業規則にどのように書かれているか？

不適切な保育を防止するためのリスクマネジメントとして、まずは就業規則への位置づけが必要です。就業規則とは、労働者の賃金や労働時間などの労働条件を定める以外にも、職場内の規律について定めるものです。つまり、「この職場では何をやってはいけないか」「何をやってほしくないのか」が明確に示されます。そして、もし不適切な行為が確認された場合、職場としてどのように対処するのかも記されます。

みなさんの園の就業規則が、厚生労働省が示す「モデル就業規則」を援用している場合、それだけでは不十分です。というのも、厚生労働省が示している「モデル就業規則」は、どの業種・業界にもあてはまる一般的なもののため、不適切な保育を想定して書かれていません。そのため、保育者が読んだだけでは、「子どもに対して何をしてはいけないのか」が明確に伝わりません。そして、不適切な保育が確認された場合の対応も書かれていません。

そこで、就業規則には、例えば以下のように、不適切な保育を防止するための記述やその対応策を記しておく必要があります。

第〇条　職員は、次のような子どもの人権・人格を害する行為や、虐待行為を行ってはならない
① 子ども一人ひとりの人格を尊重しないかかわり
② 物事を強要するようなかかわり・脅迫的な言葉かけ

③ 罰を与える・乱暴なかかわり

④ 子ども一人ひとりの育ちや家庭環境への配慮に欠けるかかわり

⑤ 差別的なかかわり

⑥ 身体的虐待、性的虐待、ネグレクト及び心理的虐待といった虐待行為

第△条　職員が次の行為を行ったときは、懲戒解雇に処する。ただし、平素の服務態度その他情状によっては、普通解雇、減給又は出勤停止とすることがある。

（1）第〇条に定める行為を行ったとき。

※懲戒の種類は、職場によって違いがあります。

就業規則におけるこうした記述は、この園では不適切な保育を絶対に許さないという明確なメッセージになります。ただしこれらの記述は、不適切な行為を行った保育者を罰することが目的ではなく、そのようなことが起こるのを防ぐためものであり、子どもはもちろん、保育者一人ひとりを守るためのものです。ぜひみなさんの園の就業規則を確認してみてください。そして不十分であれば、社会保険労務士などと相談のうえ、就業規則の改定を進めていきましょう。

●就業規則に則った対応

不適切な保育について就業規則に明記されていたとしても、それが運用されていなければ絵に描いた餅になります。見て見ぬふりをすると、不適切な保育がなくならないだけでなく、さらに増長し周囲に広がりかねません。

ここでいう「運用する」とはどういうことでしょうか。それは、不適切な保育と思われる事案が発生したら調査し、事実と確認できたら、指導はもちろん、その程度によって懲戒処分を行うということです。

しかし、これまで懲戒処分を行ったことがない園は、処分をためらうかもしれません。「処分後の本人との関係性はどうなるだろう」「本人と同僚との関係性は」「退職してしまうのでは」「職員不足になったらどうしよう」といった懸念が頭をよぎると、毅然とした対応をとりにくくなり、初動が遅れます。

しかし対応を後回しにすることで、第1節にも書いたように、不適切な保育が蔓延しかねません。不適切な保育を放置する組織風土が出来上がってしまうのです。そのような状態になってから対応しようとしても、もはや手遅れにもなります。

懲戒処分のうち、もっとも重い処分は「懲戒解雇」ですが、よほどの重大な行為がない限り適用が難しい処分です。なぜなら、労働契約を一方的に破棄し、職員の働く権利を奪うものだからです。そのため「懲戒解雇」を行うには、しっかりとした根拠はもちろん、それまで管理職が「見て見ぬふりをしてこなかったか」「ことあるごとに注意や指導・育成をしてきたか」といったことが問われます。つまり、「それまで気にはなっていたけど注意してこなかった」状態があるとしたら、園側にも責任があり、いきなりの「懲戒解雇」は難しいでしょう（余程の事案であれば別ですが）。

そういった意味においても、不適切な保育が少しでも確認された段階で、見て見ぬふりをせずに対応していく必要があります。同時に、毅然とした対応をすることによって、関係性が悪化したり、職員が不足して日々の保育が回らなくなったりと、職員が疲弊していく姿が目に浮かぶのではないでしょうか。それでも、これらを避けることはできません。最初のショックやインパクトは当然大きいですが、振り返ったときに「あのとき踏み出してよかった」と思えるはずです。なぜなら、それによって子どもの人権や権利が守られ、他の保育者も守り、園も再生するからです。

多くの保育者は、不適切な保育を確認したときの管理職の対応を注視しています。園として、そういった行為を見て見ぬふりをするのか、毅然と対応するのか？そうした積み重ねが不適切な保育を起こさない組織風土を作っていくのです。

保育室へのカメラの設置

リスクマネジメントとして、保育室内にカメラを設置する園も増えているように思います。カメラと聞くと「監視されている」と思い、ネガティブな印象をもつかもしれ

ませんが、どんなことにもプラスとマイナスの側面があります。まずは保育室内のカメラがもつ役割を押さえておきましょう。マイナスの側面だけにフォーカスせず、プラスの側面についても考え、判断することが大切です。

●何が起こったかを確認する

園という環境には、次のような特徴があります（表4-2）。まず、園にはたくさんの子どもがいます。しかも、乳幼児期の子どもは心身発達の途上で、思うように身体を使えなかったり、大人が予測できない行動をとったりします。また、自己中心性（自己中心性とは、自分の立場から離れて物を見たり考えたりすることができず、自己本位に考えてしまい、相手の視点から物事を見たり考えたりすることができないこと）という特徴ももっています。さらに、たいていは家庭よりも広い環境で保育が行われます。

園は遊びや環境を通した教育として、子どもの主体的な活動を促す場ですから、できるだけ制限・禁止することなく子どもを保育しようとする場でもあります。しかも、子どもより少ない保育者数で保育をするわけです。

■表 4-2　保育環境の特徴

- たくさんの子どもがいる
- 子どもは心身発達の途上
  - 思うように身体を使えない
  - 大人が予測できない行動をとる
  - 自己中心性をもつ
- 広い環境で保育が行われる
- 遊びを通した教育
  - 子どもの主体的な活動を促す
  - 制限・禁止は最小限
- 子どもの数に対して保育者の数が少ない

このような特徴をもつ園という環境は、そもそもけがや事故が発生しやすい場所であるといえるでしょう。保育士資格や幼稚園教諭免許をもつ専門家であったとしても、視界に入っていなかった（見ていなかった）ということも生じるでしょう。また、起こったことに関して、子どもや保育者の思い込みも生じます。このような状況で事実を確かめようとすると、推察の域を出なかったり、疑ったり疑われたりして嫌な気持ちになったりもするでしょう。あるいは、そもそも問題に気づかず、再発防止につながらないかもしれません。

ですから、けがや事故が起こらない前提ではなく、起こることを前提にマネジメン

トしていかなければなりません。そうしたとき、カメラがあることで、けがや事故が発生したときに何が起こったかを確認することができるわけです。また、映像を見ることで、次のアクションをとることもできます。不確かな情報から確かなものを探り出すことは、時間も労力もかかりますし、そのプロセスで人間関係にひびが入ってしまうかもしれません。それよりも、確かな情報（映像）から事実を把握し、次のステップへと踏み出すほうが建設的ではないでしょうか。

●問題がなかったことを立証する

　保育というサービスは、サービスの直接的な受け手と契約者が異なるという特徴があります。つまり、直接サービスを受けるのは子どもですが、契約するのは保護者です。しかし、保護者は保育の現場にいるわけではありません。さらに、子どもは心身が未成熟なため、客観的に物事を捉えたり、状況を言葉で正確に表現することが難しく、園での出来事が親（保護者）に正確に伝わらないことも少なくありません。

　そうした特徴がある中で、もし子どもが「先生が○○した（ぶったなど）」と保護者に伝えたらどうなるでしょうか。保護者としては、当然わが子の言うことを信じたいでしょう。

　しかし実際にどうだったのかは、検証してみる必要があります。このとき、当事者である保育者や周囲の保育者がその場を見ていれば、確かめたり、保護者に説明することもできるでしょう。しかし、それができないときもあると思います。そんなときは、園や保育者としても検証が必要になります。また、保育者がしっかりと見ていた場合ややっていない場合でも、「見ていました」「やっていません」というだけでなく、「客観的情報」としての映像があればさらに確証をもって伝えることができるのではないでしょうか。

　保育者としては、カメラがあることで「あらさがし」をされるのではないかと不安に思うかもしれませんが、カメラはしっかりと保育をしていたことを立証してくれるものです。万が一、不適切な場面が映っていた場合は、それは問題に気づいたということであり、改善に向けて踏み出すきっかけを得たということです。気づかずにそのまま進むことのほうが大問題ですし、避けなければならないことといえるでしょう。

●問題が起こりにくい組織風土をつくる

　みなさんの園に不適切な保育をする保育者がいた場合を考えてみてください。そういう保育者は大抵、管理職が見ている場面で不適切な行為はしないはずです。とする

と、問題解決に手こずり、依然として不適切な保育が続くことになりかねません。子どもはもちろん、同じ空間にいる同僚にとっても良いことはないはずです。

しかしカメラがあることで、早期に確認できたり、管理職に確認してもらいやすくなります。不適切な保育が起こりにくい組織風土にもつながります。見られているからやらないというのは、本質的な対応ではありませんが、何かが起こってからでは遅いのです。

問題が起こりにくい組織風土づくりは、不適切な保育を防ぐ上で不可欠であり、カメラの存在がその一端を担うとしたら、子どもにとっても大人にとっても良いことではないでしょうか。ただ、問題が起こりにくい組織風土づくりには、カメラ以上に必要なことがある点を忘れてはいけません（本章第6節参照）。

もしものときの報告窓口を設ける

管理職は、園内で起こるすべての事柄を把握することはできません。だからこそ、起こったことがすぐに共有されたり、相談できることが必要です。しかし不適切な保育は、「見かけたら教えてね」と言われても、そう簡単に報告できるものではありません。なぜならば、「誰が園長先生に言ったの？」といわゆる「犯人探し」につながりかねないからです。報告することで保育者間の人間関係がギクシャクする懸念が生まれ、言い出しにくくなるわけです。不適切な保育をした保育者が、自己主張や存在感、影響力の強い人だとしたら、なおさらです。

こうした心理的状況は「いじめ」に似た部分があるように思います。いじめには、

「いじめる人」と「いじめられる人」だけでなく、「見ている人」がいます。見ている人が「それはいけない」とか「やめよう」と言えれば、いじめがエスカレートすることもないでしょう。しかし、実際は見ていたとしても言えない現実があるからこそ、いじめはなかなかなくならないのではないでしょうか。

　だからこそ、安心して誰かに報告・相談できる環境が必要です。それは「見かけたら教えてね」ということではなく、報告窓口が明確になっている必要があります。その際、以下のような仕組みが必要になります。

- 報告・相談者の名前が明らかにされないことや、報告等したことで不利益を受けないことが明確に周知されている。
- 管理職への口頭での報告・相談だけでなく、メール等の文章で報告することが可能になっている。
- 報告等があった場合、管理職はうやむやにせずにしっかりと対応することが示されている。

　ホウレンソウ（報告・連絡・相談）の体制は、ホウレンソウをする側の視点で仕組みづくりをしていかなければ機能しないのです。

「しない・させない・許さない」というメッセージの発信

　誰もが不適切な保育は「やってはいけない」と思っているのに、何かのきっかけで発生し、それが見過ごされてしまうと、ストッパーが外れやすくなります。そして徐々にエスカレートしたり常態化しやすくなります。つまり、最初にその行為を行った保育者だけでなく、周りの保育者も「これくらいはいいかな」と見逃してしまったり、見

逃すことで今度は自らも「する側」に回ってしまうなど、伝染していく危険性をはらんでいるのです。

　このように不適切な保育は、迅速に対応しないと次の不適切な保育を生み出し、それを黙認し広がっていく組織風土を作ってしまいます。いったんそうした組織風土ができてしまうと、修正するのに大変なエネルギーが必要です。

　だからこそ管理職が、この組織では不適切な保育を絶対に「しない・させない・許さない」という強力なメッセージを発信する必要があります。「しない」とは、この園では不適切な保育を絶対にしないということや、職員一人ひとりが不適切な保育を絶対にしないという意識を徹底することです。「させない」は、不適切な保育を見かけたときはそれを注意したり、報告したりして見逃さないということです。そして、「許さない」とは、不適切な保育には懲戒処分を含めて厳正に対応するという強力なメッセージです。

　組織風土は、組織内で日常的に飛び交う言葉から生まれます。だからこそ、「しない・させない・許さない」という強力なメッセージを、ことあるごとに言葉として伝えていくことが大切です（本章第6節参照）。

不適切な保育を生まない環境づくり

　保育者が、保育の活動や段取りをイメージする一方で、子どもが「言うことをきいてくれない」「気持ちを切り替えられない」「保育者を試すような行為をする」といったことがよく見られます。そんなとき、つい保育者の感情が揺さぶられ、大声で叱ってしまったり、「〇〇しないと〇〇できないよ」といった表現をしてしまうという経

験は多かれ少なかれ誰にでもあるのではないでしょうか。そして一日の保育を振り返る
とき、「しまったな」「感情的な対応をとってしまったな」と内省しているように思います。

　不適切な保育を起こさせない・広がらないようにするには、こうした内省はとても
大切です。ただ、仕事の負荷がたくさんかかっていたり、同僚関係がギスギスしてい
たり、働きづらかったりしたら、普段は内省するようなことでも内省することができ
なくなります。その結果、自身の不適切な保育を振り返ることなく流れてしまいます。

　実際に、不適切な保育が起こる背景として、職員体制が十分でない等の職場環境の
問題も指摘されています。つまり、不適切な保育が生まれにくい職場環境づくりは、
リスクマネジメントの一環でもあるのです。

●子ども主体の保育の効果

　いま進めているのが保育者主導の保育だとしたら、子ども主体の保育への転換も大切
になるでしょう。保育者主導の保育の場合、活動内容を保育者が決めたり、一斉的な
活動が行われたりすることが多くなります。とすると、保育者としては段取りどおり
進めようという思いや、みんなで一緒に進めようという思いが生まれやすくなり、そ
こから外れたり遅れたりすると、気持ちがざわつく場面も多くなるでしょう。また、
保育者主導の保育を進めている園では、園行事が「成果」を見せる場になる傾向があ
ります。そうした場合、保育者としては、行事の日が近づくにつれうまく進まないこ
とにプレッシャーを感じたりもするでしょう。

　しかし、子ども主体の保育の場合、保育の活動は子どもの興味・関心や発案によって
決まっていくことが多いため、**保育者は子どもの声をよく聴くようになります**。そして、
子どもの発想を面白がったり、一緒に楽しんだりすることも多くなるでしょう。その
ような保育は、計画に柔軟性が生まれ、気持ちにゆとりも生まれるのではないでしょ
うか。だからこそ、不適切な保育を生まないためのリスクマネジメントとして、子ど
も主体の保育へ転換していくことを意識してはいかがでしょうか。　　　　　　◆

3

クライシスマネジメント ①事実確認

前節では、不適切な保育が起こらないためのリスクマネジメントについて考えてきました。ここからは、実際に起こっている場合、または起こった場合のクライシスマネジメント（起こったリスクに対する事後対応）について、管理職の視点から考えていきます。

迅速な対応

不適切な保育は、どのような経緯で発覚することが多いでしょうか。それは職員からの報告や、保護者からの相談、あるいは匿名の相談などさまざま考えられます。どのような方法であれ、まずは速やかに事実を確認する必要があります。

あるいは、管理職としてすでに不適切な保育が起こっていることを何となく感じつつも、どこからどう手をつけたらよいのかわからない、という状態もあるかもしれません。

決してやってはいけないのは、放置することです。「事実だったらどうしよう？」「事が大きくなったらどうしよう？」と考えると、迅速な対応ができなくなります。しかし、迅速な対応をしなかったことで事態がさらに大きくなり、取り返しのつかないことになります。そのとき「あのときすぐに対応しておけばこんなことにはならなかったのに」という後悔が生まれるでしょう。だからこそ、報告を受けたらすぐに事実確認をしましょう。

事実確認

●録画映像の確認（カメラが設置されている場合）

園にカメラが設置されて映像が録画されている場合は、映像を確認していきましょう。ただ、カメラが設置されている園でも、四六時中見ているわけではないでしょうし、録画しっぱなしというケースがほとんどではないでしょうか。そこで、もしも不適切な保育があるかもしれないという情報を得た際には、録画されている映像を確認するようにしましょう。

なお、多くのカメラは一定期間が経つと（容量が一杯になると）映像が自動消去されます。そのため、何か事が起こった際は、速やかに録画データのバックアップを行い、映像が自動消去されるのを防ぐ必要があります。

●周囲へのヒアリング

事実確認には本人や周囲へのヒアリングが欠かせません。この際の注意点としては、あくまでも冷静かつ多面的に行うということです。冷静に行わなければいけないのは、この段階では不適切な保育があったかどうか定かではない状態だからです。「やったに違いない」「やっているに違いない」と決めつけて進めると、聞かれる側はそれを感じとり、事実を話しにくくなるでしょう。また、ヒアリングをする側も、「やったに違いない」という角度から情報を解釈しようとするため、事実を正確に判断できなくなります。

多面的に行うとは、複数の関係者からヒアリングを行うということですが、一側面からの情報で判断しようとすると、事実を見誤ることになりかねないからです。

ヒアリングの手順としては、不適切な保育を行ったと思われる本人から始めるのではなく、周囲の同僚への確認から始めるとよいでしょう。なぜならば、本人に「そんなことやっていません」と回答された場合、事実確認が進まなくなるからです（不適切な行為を行ったことが明らかである場合は、この限りではありません）。

そこで、まずは周囲の職員へのヒアリングを進めましょう。最初に、不適切な保育に関する事実確認を行いたい旨を伝えたうえで、「ここで教えてもらった内容については、あなたの許可がない限り、あなたが言ったということを本人に伝えることはありません」等、心理的安全性を確保する必要があります。

　また、ヒアリングは複数の職員に行うことになりますが、できるだけ同じ質問を同じようにすることで、事実を整理しやすくなります。そして、具体的な事実を尋ねることが重要です。「○○さんは子どもにきつかった」という情報では、どのように「きつかった」のかが明らかになっていません。また、「○○さんが○○していたと聞いたことがある」といった情報も、自分で見た情報ではないので、事実というには不十分です（噂の域を出ません）。自分で見たことに限定して、「いつ」「どこで」「誰が」「誰に」「どのような」行為があったかと、５Ｗ１Ｈで整理していくことが大切です。このように事実を整理していくからこそ、本人と話す際に根拠に基づいて伝えることができるのです。

　ヒアリングの際は、「なぜ報告しなかったのか？」「見ていたならなぜ注意しなかったのか？」と相手を責めないようにしましょう。話すことで責められてしまうと、相手は口をつぐんでしまいます。この段階ではあくまでも事実確認に徹し、責任を明らかにしたり、再発防止策を考えたりするのは、事実が明らかになってきてからとしましょう。

　なお、録音を行いたい場合は、事前に相手の同意を得て行うようにします。

本人へのヒアリング

　映像確認や周囲へのヒアリングによって状況が整理できたら、本人へのヒアリングです。ヒアリングを行う際は、それまでに得た情報から論点を整理し、本人に確かめたい点をあらかじめ用意しておくとよいでしょう。

　なお、録画映像を確認したことや、周囲へのヒアリングを行ったことは伝えてもいいですが、「○○さんがそう言ってたよ」といったことは、情報提供者の同意がない限

り伝えるべきではありません。

　また、ヒアリングの結果、不適切な保育が明らかになった場合でも、個人にすべての責任を求めようとするのではなく、なぜそのような行為に至ったのかの背景を確認することが大切です。なぜならば、職場環境の要因もあるでしょうし、そのような背景を知ることは再発防止策の検討につながるからです。その際、「なぜ？」ではなく「何が？」で尋ねることが効果的です。というのも、「なぜそんなことをしたの？」と尋ねられると、人は責められているように感じ、言い訳をしようとします。しかし「何がそうさせたの？」と尋ねられることで、自分自身を客観視することができ、そのような行為に至った背景を含めて考えようとし始めます。

　なお、本人へのヒアリングはできる限り複数名で行いましょう。後々、言った言わないと争うことも防げますし、ヒアリングする側も冷静に対応しやすくなります。また、ヒアリングが本人に負担にならないよう配慮が大切です。なぜなら、負担を感じたり自分が責められていると感じると、自分を守ろうとする意識がはたらき、事実を話そうとしなくなるからです。だからこそ本人へのヒアリングは、事実確認を優先し冷静に行いましょう。ヒアリング内容をもとに懲戒処分を行うにしても、処分の程度を検討する時間や場面が必要なので、その場で判断することは望ましくありません。ヒアリングの際は、冷静にヒアリングに徹するくらいの意識で進めましょう。　　　　◆

4

クライシスマネジメント
②内部対応

　事実確認によって、不適切な保育が行われていたことが明らかになったとき、どのような対応が必要になるのでしょうか。本節ではまず、園内で必要となる対応について考えます。

職員への周知

　不適切な保育が確認された場合、その程度に応じて、保育の体制変更や、保護者や行政とのやりとりなど、さまざまな対応が必要となります。それらは当然、園全体に影響を及ぼします。そこで、職員を集め、何が起こったのかを隠すことなく周知する必要があります。そして今後、その対応や再発防止に向けて取り組むこと、職員全員の協力が必要であることなど、管理職として強いメッセージを伝えていくことが大切です。このように毅然とした姿勢、決意ある姿勢を示すことは、その後の対応に大きな影響を及ぼすはずです。

　なお、保育現場は常に子どもがいるため、緊急時といえども全職員を集めてメッセージを伝えることは非常に困難といえるでしょう。しかし、何組かに分けて集めれば同じ内容を伝えることはできるはずです。大事なのは、**非常勤職員（パート職員）も含め全員に漏れなくメッセージを伝える**ことです。職員間に情報格差があることで、意識や行動に影響します。内容の深刻さによっては、各方面から電話がかかってきたり、マスコミ対応が必要なことも想定され、一丸となった対応が必要になるため、職員との情報共有はしっかりと行う必要があります。

本人への対応

　不適切な保育が確認された場合は、その程度を考慮しつつ、行為を行った保育者を現場から離したり、懲戒処分が決定するまで自宅待機を命ずるなどして、**不適切な保育が継続するリスクを抑えましょう。**なお、自宅待機を命ずる際は、就業規則に位置づけられているか、労務上の問題点がないかを事前に確認しておきましょう。

　懲戒処分は、確認された事実・程度に基づいて検討しますが、第2節で示したとおり、**就業規則への位置づけが必要です。**一般的な懲戒処分の種類として、戒告、譴責（けん責）、減給処分、出勤停止、降格、諭旨解雇、懲戒解雇が挙げられます。どの処分を適用するかは、明らかになった行為の程度によって検討します。

　ただ、懲戒処分を行おうとすると、「解雇」処分でなかったとしても、「その職員が退職し職員不足になって保育が回らなくなるのではないか」「職場の人間関係がギクシャクするのではないか」といった懸念も生まれるでしょう。しかし、まず優先すべきは、**不適切な保育を止めて、不適切な保育に「NO」という姿勢を明確に示すことです。**それがなければ、職員や保護者から信頼を得ることができません。

　ただ、それまで見て見ぬふりをしてきた実態があるとするなら、いきなり懲戒処分を行うことは難しいといえます。なぜなら、管理職として注意・指導を怠ってきたのを棚に上げて本人に不利益を与えることになるからです。だからこそ、不適切な保育に気づいたときには、どの程度の行為であれ、見て見ぬ振りをせず、しっかりと向き合わなければなりません。

原因究明と再発防止策の検討

　自園で不適切な保育が行われていたとなると、とても大きなことです。それは、その行為を行っていた本人だけではなく、園全体の問題です。なぜならば、「した」保育者だけでなく「見ていた」保育者や「知っていた」保育者もいると思われるからです。「問題と思っていた（わかっていた）」けれども問題として取り上げられなかったからこそ、それが継続してしまったのではないでしょうか。

知っていた保育 t

見ていた保育 t

いた保育 t

　不適切な保育が起こった際は、こうした事実に**職員全体で真摯に向き合う**必要があります。それが原因究明と再発防止につながります。原因究明の際には、直接的・表面的な原因だけでなく、間接的・深層的な原因も探る必要があります。そうすることで、再発防止策も一時的なものではなく中長期的なものとして考えることができます。

　直接的・表面的な原因としては、その行為を行った保育者自身の問題が挙げられます。その保育者に「何が不適切な保育に当たるのか」という基本的な知識・認識が足りていなかったことや、子どもを尊重しようとしない保育観や子ども観といった問題もあるでしょう。また、感情コントロールのあり方や性格も影響しているでしょう。

　間接的・深層的な原因としては、環境面の問題が挙げられます。気づいていたけれど注意し合えなかったといった関係性の問題もあるでしょう。さらには、保育者や子どもの人数、子どもとの関係性、上司・同僚との関係性などが保育者にストレスを与え、余裕をもって保育に臨めなかったということも考えられます。また、不適切な保育だけでなく安全管理・危機管理について、職員全体の意識が低くなっていなかったかどうかも問われるでしょう。例えば、SIDS（乳幼児突然死症候群）を防止するための午睡状況の確認や、うつぶせ寝を直す行為が全職員に徹底されていなかったとするならば、安全管理の意識が低かったと言わざるを得ません。そして、問題・課題が生じた際に、相談しやすい体制が整えられていたか、迅速に解決しようとする組織風土があったかも問われるでしょう。

　不適切な保育が起こったとき、このような視点で何が原因だったのかを本音で話し合う必要があります。ただ、そもそも忌憚なく話し合う風土がないと、なかなか本音を出せません。そのような場合は、時間がかかったとしても、管理職が一人ひとりと面談し、それぞれの思いを丁寧に吸い上げる必要があるでしょう。そうした意見を整理したうえで、園としてどのような再発防止策をとるか検討し、職員とともに考え、実行していきましょう。

第4章

5 クライシスマネジメント ③外部対応

　園で何かが起こった場合、園には法的な責任があるのはもちろん、関係者に対する社会的な責任もあります。つまり、問題を園の中だけにとどめておくのではなく、行政や保護者、その他の関係者と共有するとともに、解決に向けたプロセスも共有していく必要が生じます。本節では、このような外部対応について考えます。

基本的な姿勢

●隠さない

　外部対応の際に大切になるのが、**事実を隠蔽**しないということです。何か問題が発生した場合、「大事になったらどうしよう？」「クレームにつながったらどうしよう？」といった不安が先行し、「公表したくない」という気持ちが生じやすくなります。しかし、良くない情報は早期に公表することに意義があります。良く  ない情報を明らかにすることで、保護者等から問い合わせが殺到したり、評判が落ちたりして大変になることもあるでしょう。それらを避けて公表しないという選択肢もあります。ただ、後々になって事実が明らかになったとしたらどうなるでしょうか？不適切な保育があったという事実以外にも、「隠していた」姿勢をも問われ、迫られる対応が増えると同時に、保護者からの信頼も大きく失うことになります。

　自ら事実を明らかにすることでさまざまな対応が必要になりますが、自ら正直に事実を伝えたのと、他人から指摘されて明らかになったのでは、保護者や世間の受け止め方が大いに変わってくるはずです。とくに不適切な保育の内容が、マスコミに取り

上げられるような大きなものであった場合、マスコミは「組織的隠ぺい」を大きく取り上げようとするでしょう。また、指摘されて対応する場合は、受け身の対応となりますが、自ら公表する場合は準備をして臨むことができます。

●迅速な対応

　不適切な保育が発生した場合、まずは事実確認が必要となります。そして、事実であることが明らかになった場合は、保護者や行政等に迅速に知らせることが大切です。「原因が明らかになってから」とか「再発防止策を検討してから」知らせたいと思うかもしれませんが、それでは迅速な対応ができません。

　事実が明らかになった時点で（詳細が明らかになっていなくても）、その段階で言えることを伝えようとすることが大切です。わかっていないことについては、「現時点では詳細は判明していません」「現在、調査中（検討中）です」と伝えていけばよいのです。調査や検討段階にあっても、まずは事実を明らかにすることで、信頼や安心につながります。

行政への連絡

　不適切な保育が明らかになった場合、速やかに行政に報告しましょう。事実を伝える際には、行政担当者が状況を把握できるよう、具体的に説明することが大切です。なお、行政からは文書で報告を求められることが多いと思いますが、文書がまとまってから報告しようとすると、報告そのものが遅くなってしまいます。事実が明らかになった段階で、第一報として行政に報告するようにしましょう。また、現場対応（職員へのヒアリングや再発防止策の検討等）と報告書の作成を同一人物が行うことになっては、迅速な対応ができなくなります。そのため、できるだけ役割分担をして進めていきましょう。

　そして、大きな事案になるほど、園単独で判断し問題解決を図ることが難しくなります。そのため、行政には第一報の連絡だけでなく、その後も密に連絡しながら連携していくことで、その後どのような対応をすべきか（再発防止・保護者対応等）、アドバイスを受けやすくなるように思います。日頃から行政担当者との連絡を密にし、関係性を築いておくことで、緊急時には親身に相談に乗ってもらうことができるのではないでしょうか。

保護者への連絡

　わが子が不適切な保育の対象となった保護者は、当然のことながらショックを受けたり動揺が生じたりします。そのため、保護者に連絡する際には、以下のように誠実に対応することが求められます。

■保護者の立場に立つ

　対象となった子どもの保護者は、悔しさや悲しさ、怒り等の感情や、園への失望、同じようなことが起こらないかという不安な気持ちを抱くのではないでしょうか。保護者に事実を伝えたりその後の対応をしていくうえでは、保護者の立場に立って、不用意な発言を慎んだり、言葉選びも慎重に進めていく必要があります。

■事実を正確に伝える

　事実を隠そうとしたりごまかしたりせず、正確に伝える必要があります。保身的に情報を小出しにして、後からさまざまな事実が明らかになると、園は事実を隠蔽したとして信頼を失うことにもなります。また、お知らせしている事実そのものが信じられなくもなるでしょう。そのため、わかっている事実を隠そうとせず、正確に伝えることが大切です。また、その段階での事実確認の状況や、行政への連絡の有無など、どのような状況にあるかを共有していくことも大切です。

■園としての思いを誠実に伝える

　事実を伝えたら、園としてどのように考えているのか、その姿勢を明らかにします。不適切な保育が発生した場合は、園として謝罪が必要なケースがほとんどだと思います。そのため、そのような事実に真摯に向き合い、誠実な態度で謝罪する必要があるでしょう。その際、行為を行った保育者だけに責任を転嫁したり言い訳するような姿勢は、保護者の心情を逆撫でしかねません。

■あいまいな回答はしない

　保護者に伝える際、わかっていないことは「わかっていません」と明確に伝えなければなりません。なぜならば、事実確認できていないことや不明なことを、わかったように答えたり、あいまいに答えることは、その後、大きな問題に発展しかねないからです。

一方で、すべてわかってから説明しようとすると、知らせるのが遅くなります。いまわかっていることを一つずつ正確に伝えていくことが大切です。

■今後の対応について話す

園として、今後どのように対応していくのかという見通しを伝えることも大切です。事実確認の進め方や職員会議・保護者会等の開催予定など、わかっていることや予定していることを伝えましょう。

●他の保護者への連絡

不適切な保育が起こった場合、対象となった子どもの保護者だけでなく、他の保護者も大きな不安を抱いたり、事実を知りたいと思うでしょう。そして、保護者の中でさまざまな情報が行き交い、事実でない情報（噂）が伝わっていく可能性も考えられます。園としてもそうした事態は避けたいはずです。

そのため、園を利用する保護者への迅速な情報提供が求められます。お知らせする範囲が、クラスの保護者なのか、園を利用する全保護者なのかは、その内容や事案の重大さによって変わりますが、情報がひとり歩きしないためにはまずは全保護者への周知を考えてください。全保護者に対して速やかに周知する姿勢は、園として誠実に対応するというメッセージを発信することにもつながるでしょう。

保護者への連絡方法については、文書配布、お迎え時等の口頭でのお知らせ、説明会の開催などが考えられます。どのような方法をとるかは、内容や事案の大きさによって変わります。また、どれか一つではなく、文書を配布しつつ説明会も開催するといった複数の組み合わせで行うことも有効でしょう。いずれにしても、状況に応じて適切だと思われる方法を真摯に選択していくことが大切です。

■文書配布

文書配布は、対象者に同じ内容の情報を届けられるメリットがあります。情報を口頭で伝えようとすると、その内容が少しずつ変わっていく可能性があります。また、

人によって解釈や受け止め方が違うため、説明とは異なる意図・内容で伝わることも考えられます。さらに、説明を受けた家族が帰宅して他の家族に伝えようとしたとき、伝言ゲームのように違った内容で伝わることも十分考えられます。そのため、**文書配布は伝えたい内容を正確に伝えられる**メリットがあります。文章を作成する際に、ある程度時間をかけて推敲したり、発信前に確認し合ったりできるため、情報伝達に伴うリスクを抑えることができるでしょう。

　一方で、一方通行のコミュニケーションになるため、保護者としては知りたいことを知りにくくなります。重大事故にもかかわらず文書配布のみの情報提供となると、園としてコミュニケーションを避けているように受け取られかねません。ですから、次に記すような双方向のコミュニケーションをとる必要があるでしょう。

■口頭での個別のお知らせ

　送迎時に、個々の保護者に口頭でお知らせする方法も効果的です。相手の表情や反応を見ながら話ができるとともに、保護者はその場で質問ができるからです。保護者の立場としては、何かがあったらその日のうちに情報提供を受け、口頭でやりとりができるのは安心感・信頼感にもつながるでしょう。

　注意点として、複数の職員が保護者対応する場合、伝える情報量や内容にズレがない（情報を揃える）ことが大切です。ズレがあると、「○○先生はこう言っていた」「私はそうは言われていない」と別の問題にもつながります。そのため、複数名で対応する場合は、伝達すべき内容を書面化しておき、それに基づいて話す工夫が必要です。保護者に質問されてわからないことは、「現段階ではわかっていません」と明確に伝えることも大切になります。

　なお、通園バスでの送迎がある園においては、個別に伝えられる人と伝えられない人の差が生じてしまうので、対応に差がないように配慮する必要があります。

■説明会の開催

　不適切な保育が確認された場合、保護者説明会を開催し、何が起こったのかを説明することが必要になる場合もあります。大切なわが子を園に預ける保護者にとっては、何が起こったかを知ることは大切ですし、その後の信頼関係を回復したり維持したりするためには、適切な情報公開が必要になります。

　保護者説明会を開催するとなると、園としては「責められるのではないか」「収拾がつかなくなるのではないか」と躊躇する気持ちが生まれることでしょう。しかし、不適切な保育が発生した以上、過去に戻ってやり直すわけにはいきません。園として運営を継続していくためには、いかに早く信頼を回復できるかを考える必要があります。保護者説明会の場では、厳しい意見をいただいたり、責任を問われたりすることもあるでしょう。しかしそれは、説明会開催の有無で変わるわけではありません。反省すべき点は反省し、改善すべき点を改善していかなければなりません。だからこそ、どのようなコミュニケーションのあり方が、いち早く保護者の信頼を回復できるだろうかと考え、進めていく必要があります。

　説明会の場でも、これまで述べてきた通り、事実を正確に包み隠さずに伝えることが大切です。言い訳をしようとしたり、保育者個人に責任を負わせようとすると、園が責任回避をしようとしていると映り、信頼回復とは逆方向に進みかねません。

　説明会の開催にあたっては、必ず想定される質問を洗い出し、回答を準備しておきましょう。想定問答の準備なく説明会に臨むのは、無防備のまま開催することに他なりません。想定問答をしっかり準備しておくことは、保護者の不安を解消するために必要です。ただし、用意していた回答をそのまま読み上げるような姿勢では、事務的かつ冷たい対応に受け取られてしまうため注意が必要です。

子どもや保護者への心理的なケア

　不適切な保育が発生した場合、対象となった子どもやその保護者に対する心理的なケアが必要になります。なぜなら、そのことによって子どもが大きな不安や恐怖心からトラウマを抱えることにつながったり、保護者としても大きな不安を抱くことが予想されるからです。

　園としては、子どもの感情を受け止めて丁寧に話を聞いたり、子どもが安心できる環境を整えることが大切です。行政とも相談しながら、臨床心理士や医師など専門家の支援を受け、心理的ケアを進めていきましょう。状況によっては、中長期的なケアが必要になることもあります。その際は、嘱託医や専門家と連携しつつ、継続的な支援を受けられるようにします。

　保護者に対する心理的ケアは、慎重に事実を説明するとともに、保護者が抱く不安

や疑問点に丁寧に回答していくことが出発点です。その際は、保護者の心情を受け止めつつ対応することが大切です。保護者の状況によっては、専門家の支援を受けることも視野に入れましょう。

社会的に大きな関心を集める場合

　不適切な保育の程度が大きなものである場合、社会的に大きな関心を集め、新聞やテレビ、ネットニュース等、マスコミによる報道も想定されます。また、最近では誰もがSNSで情報を発信することができるため、SNSにより情報が拡散されることもあります。

　こうなると、園にはさまざまな問い合わせが集中し、多くの業務や対応ができずパンク状態になるでしょう。発生した原因・背景の分析や今後の対策を考えるために時間をとりたいのに、外部からの対応に追われるとともに心身が疲弊し、必要な対応ができなくなります。しかし、保護者の信頼を回復し、運営を継続していくためには、迅速に対応していかなければなりません。

　そのため、大きな事案が発生した場合は、次のような点に注意して進めていきましょう。

●ポジション・ペーパーの発行

　社会的に大きな関心を集めるような不適切な保育が発生した場合は、ポジション・ペーパーの発行を検討してもよいでしょう。ポジション・ペーパーとは、当事者の立場を示した報告書のことを指し、①何が起きたか（現状）、②なぜ起きたか（原因）、③今どうするのか（対処・補償）、④将来どうすればよいのか（再発防止策）を、A4用紙1枚程度に簡潔にまとめたものです（表4-3）。

　ポジション・ペーパーを速やかに作成し、園のホームページに掲載したり、報道関係者に配布することで、園としての立場や園が現在もっている情報について、間違いのない形で伝えることができます。また、電話等で問い合わせが殺到した際も、「園として現在お答えできる内容は、ポジション・ペーパーに記しています。そちらををご覧ください」と対応することができ、原因の究明や対応、再発防止に時間を割きやすくなるでしょう。

　ただし、このポジション・ペーパーは一度発行して終わりではありません。状況は

刻々と変化し、新たな情報も出てきます。そのため、ポジション・ペーパーは、第2報、第3報と更新していくことが前提です。更新していくからこそ、その時点で確かでない内容について、「不明」「未定」「調査中」「検討中」といった回答が可能となります。情報を発信する側として、「中途半端な状態では発表してはいけない」「全体像が明らかになってから発表しよう」という意識がはたらくかと思いますが、それでは迅速な対応ができなくなります。非常時には何よりスピードが求められるため、更新していくことを前提として、迅速にポジション・ペーパーの発行を進めていきましょう。

■表 4-3　ポジション・ペーパーの例

20**年**月**日

関係者各位

当園における○○について

本日、午前**時**分頃、当園において○○が発生しました。

状況について下記の通りお知らせします。

１）発生内容

２）原因

３）現在の対応・状況

４）再発防止策

【本件に対するお問い合わせ先】
○○保育園　担当○○
TEL　***-***-****
FAX　***-***-****
e-mail　***@****

●記者会見の開催

　マスコミからの問い合わせには、「記者会見はしないんですか？」といったものがあるでしょう。

　記者会見の開催は状況に応じての判断になりますが、会見によってさらに大事になるのではと不安が伴うでしょう。しかし、大きな事案ほど、沈黙していることでさらに事が大きくなりますし、誤解や憶測も大きくなります。また、多くのマスコミが集まって、引っ切りなしに見解を求められるほか、管理職だけでなく保育者までも取材対象として見解を求められるかもしれません。記者会見を行うことで、そうした対応

を極力抑えると同時に、園として伝えるべきメッセージを明確に伝えることが可能になります。自ら記者会見を行うことで、受け身での対応ではなく、準備した対応が可能になります。記者会見の時間を設定したり、想定問答を用意することで、行き当たりばったりの対応ではない対応が可能になります。

　ただし、記者会見は、マスコミ関係者にとっては慣れた場ですが、開催する側としては初めてのことばかりのはずです。そうした中、マスコミから厳しい視線や質問を受けることになるので、しっかりとした計画性や対応が求められます。そのため、クライシス・コミュニケーションに関する専門家のアドバイスを受けながら進めることをお勧めします。

　万が一のためにも、管理職はクライシス・コミュニケーションやメディア・トレーニングの研修を受けておくとよいと思います。ポジション・ペーパーの作成も含めて、いざというときの対応に役立つはずです。　　　　　　　　　　　　　　　◆

不適切な保育が
起こる背景と発生防止

本章では、「不適切な保育が起こったらどうするか?」という対応策を考えてきました。「起こってしまったらどうするか?」という視点には、「起こらないためにはどうしたらよいか?」というヒントが隠されています。本章の最後に、不適切な保育が起こらないようにするためにどうすべきかを考えます。「虐待」といえる不適切な保育だけでなく、「良くない行為」という広い意味での不適切な保育の発生防止についても考えます。

不適切な保育が起こる背景

不適切な保育が起こる背景として、さまざまなものが指摘されていますが、ここではあまり触れられることのない点について考えてみたいと思います。

●不適切な保育につながる子どもの見方

不適切な保育が生まれる背景として、以下のような点が指摘されています。

- 保育士一人一人の認識の問題
- 子どもは心身発達の途上
  - 子どもの人権や人格尊重に関する理解が十分でない
  - どのような関わり方が適切なのか十分に理解していない
- 職場環境の問題
  - 不適切な保育を誘発する状況がある（職員体制が十分でない等）
  - 不適切な保育が改善されにくい状況がある

参考：株式会社キャンサースキャン『不適切な保育の未然防止及び発生時の対応についての手引き』2021年

書かれている内容はまさにそのとおりだと思うのですが、さらに掘り下げる必要があると感じています。というのも、子どもの人権や人格は具体的に目に見えるものでは

ないため、「子どもの人権や人格尊重に関する理解が十分でない」と言われてもピンとこない人もいると思うからです。

では、「子どもの人権や人格尊重に関する理解が十分でない」とき、何が起こっているのでしょうか。それは「子どもを下に見ている」ということだと思います。「自分よりも劣った存在」「言うことを聞かせる対象」「まだ何もわかっていない存在」「反論しない存在」として相手を見ているのではないでしょうか。だからこそ、何か自分に不都合なことが起こったり自分の感情が昂ぶったとき、相手（子ども）に苦痛を与えることができてしまうのでしょう。

もしその相手が、上司や先輩だったら？あるいは警察官や裁判官だったら？いくら自分に不都合なことが起こったり、感情が昂ぶったとしても、虐待行為に及ぶことはないはずです。「子どもを下に見ている」ことが、不適切な保育が生まれる根本的な要因だと思われます。

だからこそ、保育者と子どもを「上下」の関係で捉える考え方を転換していく必要があるのではないでしょうか。これからの保育では「上下」というタテの関係ではなく、ヨコの関係として、学びの共同体をつくりあげていくことが大切です。なぜならば、保育では子どもの主体的な活動が重要視されているからです。それは、保育者が一方的に遊びや活動を決めて、子どもがそれに従う形ではなく、子ども自身がやりたいことを見つけ、主体性を発揮しながら熱中・没頭するような保育です。

その場合の保育者の役割は、指示したり引っ張ることではなく、遊びや学びのファシリテーターです。子どもたちは、決して劣った存在でも、言うことを聞かせる対象でもなく、まさに意思をもった有能な学び手として存在しているわけです。

もしもすべての保育者が、子どものことを「下」に見ていなければ、そもそも不適切な保育は起こっていないように思います。

●不適切な保育がもつ伝染力

不適切な保育が起こる背景として、不適切な保育そのものが伝染力をもつ点も挙げられます。不適切な保育が発生したとき、見て見ぬふりをしてしまうと、次からストッパーが外れやすくなり、エスカレートしたり常態化しやすくなる性質があるのです。

企業でみられる不正や偽装、粉飾といった問題も、初めはたった一人の行為のように思います。そこで止められないと次第に複数の人物がするようになったり、見て見ぬふりを

する風土が醸成され、することが当たり前の組織風土になっていきます。こうなると、個人の力では抜け出せないほど大きな流れになっているのではないでしょうか。

なぜこのようなことが起こるのでしょう。それは、嫌われたくない・はみ出したくないという思いが生まれたり、同調圧力がはたらいたり、そうすることが強要される何かしらの力があるのかもしれません。

ただ、企業の不正や偽装、粉飾といった問題と、不適切な保育には決定的な違いがあります。それは、不適切な保育は相手が人であるということです。人に対して虐待行為を行ったり、精神的苦痛を与えたりということは、物事に対する不正等と大きな違いがあります。また、偽装や粉飾は、そうするよう求める組織的な意向がはたらくこともあるでしょうが、不適切な保育には組織的な意向は存在しません。

こうした伝染状態にある不適切な保育を考えるうえでは、組織風土という視点が欠かせません。「する」側が悪いのは当然ですが、「見ている」側も存在します。つまり、「見ている」側が不適切な行為に同調したり、見て見ぬふりをすることで、組織風土にじわりじわりと変化を与え、それがいつしか当たり前になり抜け出せなくなっていくのではないでしょうか。

こうした組織風土は、何もしなくても醸成されていく性質をもっています。それは、「何もしない」という組織風土です。例えば、保育室が散らかっていても誰も何も言わず整理整頓もしなければ、整理整頓しない組織風土が醸成されていくのを想像できるのではないでしょうか。また、締め切りを過ぎても誰も注意せず、咎められもしなければ、締め切りにルーズな組織風土が醸成されます。みなさんの職場には、「何もしない」ことで醸成されてしまった組織風土はありませんか。あるとしたら、それを醸成したのはあなた自身でもあるのです。

だからこそ、組織が大切にしたいことが侵されたとき、明確に「NO」と言わなければいけません。そうでなければ「YES」というメッセージを発していることと同じなのです。

不適切な保育が生まれない組織風土づくり

このようなことを考えると、保育者が子どものことを「下」に見ない環境や組織風土

づくりが必要になります。それは、園として大切にしたいことが明確にされているとともに、万が一それが侵されたときに「NO」と言い合える環境です。ここでは、そうした組織風土を作っていくヒントを紹介します。職員体制が整っていない状況であれば、早急に体制を整えなければならないことは言うまでもありません。

◉子ども観を確かなものにする

保育の世界には、小学校以降のように教科書がありません。つまり、何をどの時期にどの順番で学んでいくか（教えていくか）が明確に定められていないのです。保育所保育指針や幼稚園教育要領、幼保連携型認定こども園教育・保育要領には、大切なことがたくさん書いてありますが、具体的にいつどんな活動をすべきかは示されていません。それは、乳幼児期は目の前の子どもに合わせて、オーダーメイドで環境を整え、活動を展開していくことが求められる時期だからです。そのために、**良くも悪くも園によってやることが大きく違い、同じ園でも担任によって違う**わけです。「良くも悪くも」と書いたのは、具体的な活動が示されていない意味を理解しないまま、大人がやりたい保育を進めているケースが少なくないからです。

では、どのようにすれば保育に教科書がない意味を理解し、園の保育の方向性をブレないものにしていけるのでしょうか。それが子ども観だと考えます。子ども観とは、子どもをどういった存在として捉えるのかという見方・考え方・価値観です。

例えば、子どもは「無知で未熟な存在」で「他者から何らかの教えや指導を与えられなくては変容・成長しない」という見方なのか、子どもは「生まれながらに権利や学ぶ力をもっていて無限の可能性を秘めている存在」という見方をしているかで、かかわり方や保育実践は大きく変わるはずです。前者であれば、保育者が知識や技能を教えるような保育者主体の保育実践となり、後者であれば子どもの興味・関心を捉えて環境を整えたり、子どもと一緒に悩み考え、子どもが成長していく過程を支える保育実践に

■表4-4　子どもの見方と現れる保育実践例

子どもの見方	現れてくる保育実践
子どもは無知で未熟な存在で他者から何らかの教えや指導を与えられなくては変容・成長しない	保育者が知識や技能を教える保育者主体の保育実践
子どもは生まれながらに権利や学ぶ力をもっていて無限の可能性を秘めている存在	子どもの興味・関心を捉えて環境を整えたり、子どもと一緒に悩み考え、子ども自身が成長していく過程を支える保育実践

なるでしょう（表4-4）。

　このように保育実践に大きく影響する子ども観ですが、これが職員間でバラバラだったらどうなるでしょうか。同じ園なのに、子どもとのかかわり方や保育実践も変わってしまいます。だからこそ、子どもは生まれながらに権利と学ぶ力をもっているんだという子ども観を園全体で共有していく必要があります。

　こうした価値観は、「変えなさい」と言われたり、教え込まれて変わるものではありません。自ら実体験をしたり、対話をすることによって変わっていきます。そのため、職員同士で保育観について対話する時間が不可欠です。その際、子ども観について語ろうといってもなかなか進みづらいでしょう。そこで、次のような視点で対話をしてみるのはいかがでしょうか。

【例1】

　1　子どもと接していて自分の心が揺れた出来事は？

　2　自分の心が揺れたのはなぜだろう？

　3　その場面で別の見方はできないか考えてみよう

　4　その場面の背景にはどんな子ども観があったのだろう？

【例2】

　1「子どもは無知で未熟な存在で、他者から何らかの教えや指導を与えられなくては変容・成長しない」という子ども観と、「子どもは生まれながらに権利や学ぶ力をもっていて無限の可能性を秘めている」という子ども観で、次の視点でどのような違いが表れるか考えてみよう。

　　●保育者の言葉かけ

　　●保育活動

　2 自分はどちらの子ども観に近いか考えてみよう。

● 大切にしたいことを明確にする

　園で大切にしたい子ども観を共有するだけでなく、それを明確にしていきましょう。管理職が明確にするのはもちろんですが、職員も一緒になって考えることが大切です。職場は自分自身が一日の大半を過ごす場所なので、大切にしたいものが大切にされる職場であってほしいはずです。だからこそ、職場環境づくりを他人ごとにせず、自分ご

とにしていくことが大切です。

　例えば次のような視点で、自分たちの園では何を大切にしたいのか考え、言語化してみましょう。職員会議で、自己開示をしながら対話していけるとよいですね。

- 子どもとのかかわり
- 同僚同士のかかわり
- 言葉遣い
- 時間の使い方

　「大切にしたいこと」が見えてきたら、次に「現在地」はどこかを話し合ってみましょう。「大切にしたいこと」と「現在地」の間には、「今はまだこういうところができていない」というギャップがあると思います。そのギャップを職員間で認識することが、組織風土をつくるうえで大切です。

　「大切にしたいこと」を考える際は、「この保育理念を実現するためには○○はどうあるべきか?」というように、園としての目標から考えていくことが理想です。なぜなら園はチームだからです。ここでいうチームとは、共通の目標をもった人の集まりのことを言います。一方で、共通の目標のない人の集まりは単なる「グループ」に過ぎません。園が「チーム」なのか「グループ」なのかを分けるのは、集まっている人々がしっかりと共通の目標をもち、自分ごとにしているかどうかです。だからこそ、園としての目標を中心に据えてものごとを考え、自分ごとにするかかわりが大切になります。

● 組織風土づくり

　園として大切にしたいことが言語化できたら、それらを大切にする組織風土を考えます。

■大切にしたい言動を促す

　まずは、大切にしたい言動を積極的に促すことです。それは、仕組みを作ることと相手を承認することが基本になります。仕組みを作るとは、大切にしたいことが常に目に触れたり、聞こえたりする環境づくりや、大切にしたいことをつい考えてしまう仕掛け

ともいえます。例えば、朝礼や職員会議で「子どもに教わったこと」をテーマに話すことで、職員の日々のアンテナは以前よりも子どもに向かうだけでなく、タテの関係からヨコの関係への視点の促しにもつながるでしょう。

　一方で、承認するとは、組織として大切にしたい言動をとっている職員がいたら、すかさず「それいいね！」「ありがとう」など、明確に伝えるということです。承認されると本人は、組織で大切にしたい言動を再認識できます。また、他の職員もいる場面で承認すると、周囲の職員にも伝えていることにもなります。ですので、「サンキューカード」「サンキューボード」など相手へ感謝の気持ちを表すような取り組みや、職員会議で承認しあう時間を設けたりすることも効果的でしょう。このような承認は、組織として大切にした言動を促していくことになるのです。

■ 管理職が見て見ぬふりをしない

　大切にしたい言動を促すだけでなく、大切にしたいことが侵されたとき、見て見ぬふりをしないことも大切です。なぜなら前述のとおり、組織風土は何もしなくても醸成されていくからです。いくら立派なことを進めていたとしても、それにそぐわない言動があったときに見て見ぬふりをしては、絵に描いた餅になってしまいます。大切にしたい言動がとられていないと感じたときに、まずは管理職がそれに「NO」という意思を表明することが、組織風土づくりでは大切です。「NO」という意思表示を躊躇しているようでは、管理職はその役割を果たしているとはいえません。職員は管理職の言動を見て、それが本気なのかどうかを感じとっています。

■「NO」と言える関係づくり

　ただ、管理職だけが孤軍奮闘しても、不適切な保育はなくなりません。不適切な保育の多くが、管理職が見ていないところで起きると考えられます。そのため、管理職よりもそばにいる同僚が先に気づくことが多いでしょう。だからこそ、同僚同士で「NO」と言える関係性が大事になります。

　職員同士で仲がよいことは大切です。しかし、チームであることと（仲良し）グループであることは違います。チームには、実現したい共通の目標に向かって切磋琢磨し高め合う関係性が不可欠です。一方、仲良しグループはお互いの関係性の維持が優先されます。そのため、相手にとって耳の痛いことを言おうとしなかったり、自分の立場が危うくなるようなことはしなくなります。つまり、同僚の不適切な行為を見て見ぬふりをする関係性になってしまうのです。

このようなことを避けるにはどうしたらよいのでしょうか。みなさんの職場では、日頃から保育の質をもっと向上させるための議論や対話ができていますか？日々の対話ができていなければ、不適切な行為を指摘したり議論することはハードルが高いと思います。ですから、まずは保育そのものについて議論・対話する関係づくりが出発点になるでしょう。

加えて、自己開示できる関係性が必要です。「あのときイライラしてしまった」「あのときキツイことばを投げかけてしまった」と、自分自身の失敗談や反省点をオープンに議論できることが、お互いに伝え合える土壌をつくります。

■言葉を大切にする

組織風土づくりでは「言葉」が大切になります。みなさんの職場では、どのような「言葉」が飛び交っていますか。「しんどい」「だるい」「疲れた」といった言葉が飛び交う職場になっていませんか。もし飛び交っているとしたら、そうした言葉が醸成する組織風土はどのようなものでしょうか？ 「相手がどのように受け止めるか

考えずに発言する風土」であり、「面倒なことはやらない風土」「誰かがやってくれるのを待つ風土」といったものでしょう。反対に、「たのしい」「おもしろい」「ワクワクする」といった言葉が飛び交う職場だとしたら、その職場はきっとポジティブな場所になっていることが想像できます。

「言葉」が先か、「環境」や「組織風土」が先かといった問題はあると思います。しかし、「環境」や「組織風土」は一朝一夕に変えにくいものですが、「言葉」は選択することができます。どのような言葉を園に満たしたいのか、職員とともに考え、事あるごとに使っていく。そうした積み重ねは、不適切な保育を生まない組織風土につながります。

●客観的な視点を入れる

不適切な保育の発生防止（再発防止）のためには、他者に見られたり客観的視点を入れることも大切です。他者の力を借りずとも自らを律していければよいのですが、人や組織もそこまで強くないからこそ、さまざまな問題が起こるのではないでしょうか。日常生活でも、来客があるから部屋を掃除したり、身なりやお化粧を整えたりということもあるはずです。他者に見られるということは、一定の緊張感の中で良いものを届けようとすることにつながります。

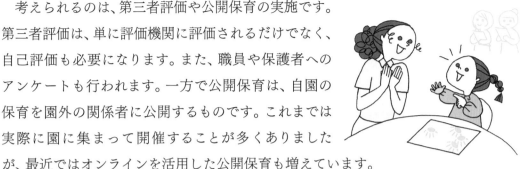

　考えられるのは、第三者評価や公開保育の実施です。第三者評価は、単に評価機関に評価されるだけでなく、自己評価も必要になります。また、職員や保護者へのアンケートも行われます。一方で公開保育は、自園の保育を園外の関係者に公開するものです。これまでは実際に園に集まって開催することが多くありましたが、最近ではオンラインを活用した公開保育も増えています。

　園外の人に保育を客観的に見てもらうことは、さまざまなメリットにつながります。「ありのままを見てもらおう」と思いつつも、少しでもよく見られたいと思うのが心情ではないでしょうか。だからこそ、公開保育等の当日に向けて、日々の保育を見つめ直したり、点検・確認したりするはずです。そうしたプロセスこそが、自らの保育に目を向けたり、対話するきっかけになります。

　第三者評価や公開保育のあとは、フィードバックを受けることになります。そのフィードバックもまた大きなメリットです。自園で行われていることの多くが当たり前になっていて、指摘されるまで気づかないことがよくあります。他者に見られてフィードバックを受けるからこそ、「これってすごいことだったんだ」と気づくことがたくさんあるでしょう。同様に「これって非常識だったんだ」「できていると思ってたけどできていなかった」と気づくこともあります。

　こうした気づきが、客観的な視点を入れることのメリットです。だからこそ、第三者評価も公開保育も、受けて終わりにしてはもったいないように思います。その気づきを園全体のものにすると同時に、職員同士で話し合う材料にしなければなりません。例えば、第三者評価の結果を、「見ておいてください」と職員に回覧するだけになっていませんか。それではせっかくの気づきを活かすことができません。結果をもとに、改めて自分たちの保育実践を振り返り、対話し、次の保育につなげていくことが大切です。

　このような行為は、まさに保育の質を高めようとする組織風土につながると同時に、大切なものを大切にする園になります。このような積み重ねが、不適切な保育が起こらない園、万が一起こったとしても再発しない園になっていくのではないでしょうか。

【参考文献】
・株式会社キャンサースキャン『不適切な保育の未然防止及び 発生時の対応についての手引き』2021年
・掛札逸美『乳幼児の事故予防 - 保育者のためのリスクマネジメント』ぎょうせい、2012年
・こども家庭庁『保育所等における虐待等の防止及び発生時の対応等に関するガイドライン』2023年
・中坪史典・山下文一・松井剛太・伊藤嘉余子・立花直樹『保育・幼児教育・子ども家庭福祉辞典』ミネルヴァ書房、2021年
・宇於崎裕美『クライシス・コミュニケーション』経営書院、2011年

なりたい自分に出会う時代

不適切な保育は、大人のタイミングで子どもに対する要求を募らせてしまう時にもみられます。3歳以上児の食事の場面で、無理強いはしないけれど、対話をしながら子どもの意欲をサポートした事例を紹介します。

3歳を過ぎると、遊びではごっこあそび・なりきりあそびを好むようになってきます。ヒーローになったり、電車の運転手になったり、アイドルになったり、お母さんになったり……。子どもたちの心の中は「なりたいもの」があふれてきます。

「なりたい自分」との出会いは、「食の選り好み」から抜け出していくチャンスです。食べたもので身体はつくられていきます。大人も、健康診断で栄養相談があり、体重を調整したい、長生きしたいなど自分を見つめていくひとつのきっかけになります。どんな自分になりたいか？を描いてこそ意欲につながるのは、子どもも大人も同じではないでしょうか。

「何でもよく食べるからよい子」「好き嫌いが多いから困った子」ではない視点で子どもたちを見つめ、子ども自身がなりたい自分に出会って変化した事例です。

かけっこで1番になりたい自分

苦手な食材が多く、昼ご飯は苦手な時間なAさん（3歳）。活動はとても活発です。かけっこは大好きだけど、いつも2番で悔しい気持ちが残ります。1番は何でもよく食べる友だちです。その友だちは、昼ご飯を全部食べ終わったときに「パワー全開！」とポーズを決めました。「いっぱい食べるから、走るのも速いのかな……？」と、その友だちをみながらAさんがつぶやいたので「そうかもしれないね」と、保育者はその気づきに共感的に言葉を添えました。

かけっこで1番になる「なりたい自分」に出会ったAさん。少しずつ苦手な食材にも挑戦し

始めました。かけっこで1番になりたい自分に向かいながら、自分の意思でよく食べるようになっていきました。

なりたい自分を描く

担任との関係も築けてきた頃、3歳児のBさんは、食事中に「これイヤ〜」と言いました。「そうか。イヤなんだね。イヤだから残すの？イヤだけどちょっと食べてみる？」と担任が聞いてみました。

「…。ん〜…」

子どもが考えているので待ってみると、

「ん〜大きくなりたい」

その一言から、子どもの中では、"食べること"と"身体をつくっていくこと"が結びつき、理解が深まり始めていることがくみとれます。理解はできるけど、あと一歩が踏み出せないから、行動には結びつかない。大人もそのようなことはたくさんあります。

「そうか。大きくなりたいんだね。大きくなったら何になりたいの？」と話を展開していくと、「パパみたいなお医者さん」とBさんは答えます。「そうか、お医者さんになりたいんだね」

パパみたいなお医者さんになりたい。「なりたい自分」を描けたその会話の後に「イヤ」といったものを自ら口にしました。

「イヤ」とは言うけど、食べないとは言わない。「イヤ＝食べない」ではないかもしれないのに、ついつい先回りしてアレコレ言ってしまうのは大人なのかもしれませんね。

好きではないものとの出会い

4歳児の食事に一緒に座ってみると、「これは好きだから食べるけど、あとはいらない！」と子どもが口々に言ってきます。

「えー食べないと大きくならないよ」と伝えてから、子どもの顔を見てみました。

「食べないと大きくならない」とは真実でしょうか？　自分の言葉を疑ってみました。子どもにとっても納得いかないだろう……。モヤモヤした気持ちを抱え、その場はほとんど残して食事は終わりにしました。

子どもの言葉を思い浮かべながら考えてみました。「これは好きだから食べるけど、あとはいらない」人生では好きではないものに出会うことがたくさんあります。そのときに、好きじゃないから……と終わってしまう生き方は、豊かでしょうか。

次の日も「これは、好きじゃないからいらない」と多くの子が言います。そこで、人生を語ってみました。

「この先大きくなるときに、好きじゃないことにたくさん出会うのよね。好きじゃないから嫌い！　と決めてしまうと、その先の楽しさに気がつかないで終わってしまうこともある。"好きじゃないけど大丈夫"が増えていくと、楽しいなと思えるチャンスも増えるんだよね」

私自身が人生で大切だと思うことを、対等な人として伝えてみました。

そして、子どもの反応を見てみました。前日の「食べなければ大きくならない」よりも考えている様子です。「好きじゃないけど大丈夫」という言葉には納得感があったようです。「好きじゃないけど、1口だけ食べてみる」という子が増えました。そして「好きじゃないけど1口だけ大丈夫だった！」と新しい自分に出会っていきました。

人間の暮らしの中には、衣食住があります。食事は大事な柱の1つ。子どもの生活は、人生の土台になる大切な時間です。生活の中で、なりたい自分に出会い、イヤや苦手という気持ちを乗り越えていき、新しい自分に出会っていく。その一瞬一瞬は子どもにとっての輝かしいドラマです。

3歳以上の子どもにとって、「寄り添う」とは「イヤならやらなくてもいいよ」という先回りの手助けではないのかもしれません。

イヤだけど…好きじゃないけど…なりたい自分に向かっていく充実感に出会えるように、子どもの成長の伴走者でありたいものです。

（河合清美）

資 料

不適切な保育からの脱却　チェックリスト

　ポイントを押さえ実践を振り返ることが、不適切な保育からの脱却の近道です。保育者にも感情があります。感情コントロールは簡単ではありません。「全くしない」と「常に行っている」との間に、「時々行ってしまう」という瞬間があるでしょう。頻度を振り返ることで、どのようなときに起こりやすいか自己理解が深まります。自己理解で予防に役立てましょう。

0＝全くしない　1＝時々行ってしまう　2＝常に行っている　☆＝周囲の保育者も行っているので当たり前だと思っていた

遊びや活動の場面での不適切なかかわり	頻度
子どもの声に返事をしない	0・1・2・☆
片づけをしない子に「次は使わせない」「片付けしなければ○○」等と言う	0・1・2・☆
集まりなどで着席しない子に大きな声で座ることを指示したり、身体を掴んで無理矢理座らせたりする	0・1・2・☆
テーブルや棚に登る子に対して、「登らない！」「部屋では遊べません」などと責めたり、無理に引き下ろしたりする	0・1・2・☆
保育者が伝えているとおりに子どもが行動しない場合に、感情的に怒鳴る	0・1・2・☆
他の子と同様に行動できない姿に対して、嘲笑する・やり直しをさせる・責める	0・1・2・☆
抱っこを求めてくる子に対して押し返す・無視をする	0・1・2・☆
泣いている子に「いい加減泣き止んで」など泣き止むことを強要する	0・1・2・☆
子どもが乱暴な行為をした際に「友だちを叩くなら、先生も叩くよ」など、やり返すふりをしたり、実際に同様の行動を示したりする	0・1・2・☆
子どもが乱暴な行為をした際に他児の前で叱責する	0・1・2・☆
子どもが失敗した際にきつい言葉で責める・困っていても助けない	0・1・2・☆
子どもの表現活動に対して「違うでしょ」「ちゃんとやって」など、大人のイメージを押しつける	0・1・2・☆
子どもが大切にしている物を「もう終わり」「やり直し」など大人の意図だけで操作する	0・1・2・☆
部屋の外に出したり、狭い空間に閉じ込めたりする	0・1・2・☆
「遊びの仲間に入れない」「一緒に行けない」など他児から孤立させるよう仕向ける	0・1・2・☆
他の職員の不適切なかかわりを見て見ぬふりをする	0・1・2・☆

生活の場面での不適切なかかわり	頻度
食事の際に無理矢理口に詰め込む	0・1・2・☆
支度が遅い・好き嫌いをする等を理由に食事を取りあげる	0・1・2・☆
食べなければ○○させないなどの条件を提示する	0・1・2・☆
食べ終わらないことを理由に、いつまでも席に拘束する	0・1・2・☆
食べ物をこぼしたときに叱責したり、保育者の見守りなしに自分で始末させたりする	0・1・2・☆
午睡の際に、布団に無理矢理押しつける・毛布などに巻き付ける	0・1・2・☆
寝起きが悪いからと激しく揺する、大きな声で起こす、寝具をひっくり返して床に体を投げ出す	0・1・2・☆
寝ないことを理由に、保育室の外に追い出す	0・1・2・☆
寝なければ・トイレに行かなければ、○○させない等の条件を提示する	0・1・2・☆
トイレに行きたがるのに「さっき行ったでしょう」と決めつけて行かせない	0・1・2・☆
排泄の失敗を叱責したり、嘲笑したりする	0・1・2・☆
「赤ちゃんみたい」など侮辱的な声かけをする	0・1・2・☆
子どもとのコミュニケーションや合意なく、押さえつけるように鼻水を拭いたり、衣服をなおしたりする。	0・1・2・☆

◉頻度が多いと感じた項目は、もう一歩深めてみましょう

● いつ起こりやすいですか（事実）

● どのようなときに起こりやすいですか（背景）

● 誰に対して起こりやすいですか（対象者）

● そのときの感情は思いどおりにならない苛立ちですか？　周囲を気にしたあせりですか？（感情分析）

● どのような声かけにしていったら保育が一歩前に進むでしょうか（未来志向）

◉☆にチェックがある場合

● 職場内の相談できる人はだれですか（基本的には園長・主任に相談）

● 身近に相談できる人はいますか

　いない場合は、外部の研修に出かけてみたり、園外の人とのコミュニケーションの場に参加するのも方法です。流されない方法を見つけていきましょう。

※ 子どもの生命や安全を守らなければならない場合など、叱りすぎたり、子どもの気持ちを無視してしまったりするときもあります。保育者も人間です。そのときは人として子どもに「ごめんなさい」と気持ちを伝えることも必要です。

言葉かけの言い換え一覧表

　普段の保育で何気なく使っている言葉かけが、不適切な言葉かけやかかわりに結び付く場合、「じゃあ、どんな言葉かけがいいの？」と悩むかもしれません。

　そこで資料として、言葉かけの言い換えを例示します。保育者同士で、子どもへの実際の言葉かけで利用してみてください。

何気なく使っている言葉かけ	言い換え例
トイレに行かないならお散歩には行けません	トイレに行ったらお散歩に行こう！
まだ準備できてないの？	ここまで準備できたんだね！
食べないと大きくなれないよ	食べると元気になるんだよ！
ご飯、今日もこんなに残したの？	今日はここまで食べられたね
待っていられないなんて格好悪い	待っていてくれたら助かるな
お着替えも自分でできないの？	お着替え自分でできるかな？
甘えるんじゃない！	困ったときは助けるよ、教えてね
くさい！　うんち出たなら早く言いなさい	うんちが出たね、きれいにしよう
いつまで泣いているの？　泣き止みなさい	悲しかったね、涙が出ちゃうね
早く寝ないと遊べないよ	起きたらまた元気に遊ぼうね
痛くない、痛くない	痛かったね、大丈夫？
練習しないとできないよ	練習したら上手になるよ
走らないで	歩こうね
登らないで	降りようね
何度言ったらわかるの？	○○をしようね／どうしたのかな？
うるさい	小さな声でお話してね
よそ見しないで	先生の目を見てね
叩いちゃダメでしょ	嫌なことはお話しようね
そっち行かないで	ここに座ってね
遅い！　のろのろしないの	超特急でやろう、何秒でできるかな？
そんなふうに持ったらこぼれるよ	両手で持とうね
そんなこともできないの？	どうしたらできるかな？
片づけしないとお化けが来るよ	おもちゃがなくならないように片づけをしよう
手洗いしないとご飯あげません	手にはバイキンがついているから洗おうね！
ちゃんと座れないなら紙芝居読みません	みんなが見えるように座っていてね
お友だちを叩く子は赤ちゃん組に行きなさい	○○が嫌だったのかな？　お話ししたらわかってくれるかもしれないよ
コップで遊ぶ子のお茶は先生がもらいます	落とすと割れてしまうから、コップは置いておいてね
（なかなか着替えない子に）この服いらないなら先生がもらいます	汗をかいたままだと風邪をひくよ、お着替えしようね
話を聞かない子は知りません	今から大事な話をするよ、聞いていないと困ってしまうから、ちゃんと聞いていてね
静かにしないと鬼に食べられちゃうよ	声が聞こえるように静かに聞いていてね

言葉かけを考えようワーク

　不適切な言葉かけをしない職場づくりのために、保育者同士で学ぶワークを作成しました。例文も記載してあります。園内研修などでステップ①②を考えてみましょう。

望ましくないかかわり①

ワーク│ご飯が進まない子に対して

「あれ？ご飯全然食べてないじゃん？」
「それじゃあ元気になれないよ、大きくなれないよ、いいのかな？」

◉ステップ①　望ましくない理由を考えよう

- 食べない理由を汲み取っていない
- 食事が楽しい雰囲気にならない
- この声かけでは意欲が出ない
- 自尊心を傷つける言い方である
- 食べる量を大人基準で想定している
- 元気・大きいをよしとする価値観を押し付けているところがよくない
- 自分で考えるきっかけを作れていない

◉ステップ②　望ましいと思う対応を考えよう

- 一緒に食べようか？　と誘う
- どうして食べないの？　と理由を聞いてみる
- 小さくしてみようか？　と量を減らして、見た目を食べられそうな感じにする
- 「いっぱい食べると元気になるよ」など、肯定的な言い方に変える
- ご飯に興味をもつような話題で話をする
- 食べられたら褒める
  - ○食べられたね、おいしいね
  - △頑張ったね、偉いね
- 大人がおいしそうに食べてみせる
- 食べることの重要性を伝える
- 食べる気持ちになるまで待ってみる
- 食べなさそうならごちそうさまをする
- ユーモアをもってかかわる
  - →食べたら「元気～もりもり」と言ってジェスチャーを楽しむ
  - →「ご飯食べると元気になるよ～」という内容の歌を作って歌う（名前入りが効果的♡）
  - →スプーンを乗り物に見立てて「ビューーーーーン、パクっ！！」
  - →おいしくなる魔法をかける
  - →食材にチュー♡
- 他の子とおいしそうに食べて盛り上がる

ワーク｜**食事前になかなかエプロンをつけてくれないとき**

「このエプロン、先生のかな〜もらっちゃおうかな〜」

◉ステップ①　望ましくない理由を考えよう

- つけたくない理由を聞いていない
- 遠回しに脅している
- 嘘をついて子どもを動かそうとしている
- 人のものを勝手にもらうのは保育者であってもダメ
- いじわるな印象がある
- つける理由を伝えられていない
- 保育者のルールを押し付けている

◉ステップ②　望ましいと思う対応を考えよう

- まず共感して理由を聞く。例「嫌だったんだね」「どうしてつけたくないのかな？」
- 別のエプロンを出して選べるようにする。例「どっちのエプロンにする？」
- 食事が始まってから「汚れちゃうからエプロンしようか？」と伝える。
- お洋服が汚れちゃうよと、つけてほしい理由を伝える
- エプロンつけてご飯食べよう♪と肯定的な言い方をする
- 服が汚れちゃうけどいいかな？と理由を話して子どもに選んでもらう
- ご飯が楽しみになるような話をする
  「今日はカレーだよー、○○先生カレー大好きなんだぁ♡」
- つけたくなるような声かけ「○○君に似合うエプロンあるよ♪」
- エプロンをつけた子を褒める「似合ってる、カッコいい、これで汚れないね」
- エプロンをつけないで食事をして、食後に汚れていたら「次はエプロンつけようね」と話す
- 「エプロンつけてほしいなの歌」を作って歌う
- 体調が悪い？熱やお腹の張りをチェック

ワーク｜食事前になかなか席に座ってくれないとき

「ご飯いらないの？いらないなら先生が食べちゃうよ〜」

◉ステップ①　望ましくない理由を考えよう

- 子どもの気持ちや背景を汲み取っていない。
- 「もっと遊びたかったんだね」など、今の子どもの気持ちに対する共感の言葉がない
- 人の給食を勝手に食べてはいけない
- 先生に食べられたくないからご飯を食べるわけではない
- 子どもを動かすために、実際にはやらないことを言って脅している

◉ステップ②　望ましいと思う対応を考えよう

- 今興味があるものが何か、どうして座らないのか理由を聞いて、まずは共感する
  「もっと遊びたかったかな」「お腹すいてないの？」
- 「ご飯を食べてからやろうか」とやりたいことも保証できるよう声をかける
  （応用）食べ終ったら"いーーーっぱい"やろうか
  （やってよいときにはその機会がきちんと保障されることを伝えると、
  やってはいけないときに折り合いをつけられることが多い）
- 「どうしたらよいかな？」「どうする？」「いつ食べる？」と聞いて自分で考えてもらう
- 「今日のご飯は何だろう？」と実際にご飯を見てみる、調理員に聞きに行く
  （応用）"ひみつ"でメニューを聞きに行く。
  →こそこそ声で秘密で誘うのがポイント（特に2歳児以降）
- 秘密でちょこっとつまみ食いをしてみる「今日のお肉、おいしいよ〜」
- 座りたくなるまで待つ、「先に食べてるね、終ったらおいでね」で食べ始める
  →しばらく遊びを見守り、きりがよいときや食事に興味を示したタイミングを見計らって再度誘う
- 「一緒にご飯食べよう」「一緒に食べられたら嬉しいな」と誘う
- 「どうしたら座って一緒にご飯を食べてくれるかな？」
- おむつの中を確認……来ない時には排便していることがよくある
- 「〇〇くん、おいしそうに食べてるよ〜〜〜」と友だちの様子を伝える

ワーク｜なかなか散歩に行こうとしないとき

「先生がこの靴もらっちゃおうかな」「お散歩行かないの？置いてっちゃうよ〜」
「みんな行くのに○○君は行かないの？」

◉ステップ①　望ましくない理由を考えよう

● みんなと一緒＝よいこと、という価値観の押し付け

● 人のものを保育者だとしても、勝手にもらおうとしてはダメ

● 「行かない」＝悪いことという決めつけ。行かない＝選択のひとつ

● 行こうとしない理由を聞いていない

● 置いていくよという罰を与える意地悪な言い方

● 行きたくなる声かけをしていない

◉ステップ②　望ましいと思う対応を考えよう

● 残ってもいい段取りをつける

　　→残れないときは事情を説明して散歩に誘う

● どうして行きたくないのか、何がしたいのか、その理由を聞く

● 靴を用意して「ここに置いておくね」や「先に外に出て待っているね」と伝えて、来るまで待つ

● 「○○公園に行ったら何したい？」と行った先のことを話題にし、

　　遊びのイメージが湧くように話す

　　→何して遊ぼうか？滑り台？ブランコ？というように選択肢を挙げる

　　→お砂場で何作ろうか？というようにイメージしやすい具体的な声かけ

● 「この前公園に行ったとき、お砂場で大きいお山つくったんだよね、覚えている？」など、

　　楽しかった思い出について話題にし、行きたい気持ちを引き出す

● ユーモアをもってかかわる

　　→一緒にお散歩行きたいなの歌、あなたの靴は何色か？の歌などをつくって歌う

● 全然違う話をし、さりげなく玄関に連れていく

● 「一緒に行こう」「一緒に行きたいな♪」と誘う

● 体調が悪い？熱やお腹の張りをチェック

おわりに

　今回、不適切な保育をさまざまな角度から考えてみる機会をいただきました。出版にあたり、体験談や園での事例を提供してくださった多くの仲間に感謝します。

　不適切な保育は禁止すればなくなるものではありません。子どもが権利をもっているということを、私たち大人が胸に刻んでいくことで防いでいけるのだとあらためて感じています。

　不適切な保育に傾いていくときには、子どもにはまだ十分な力がないから、大人が"子どもにとってよいこと"を考えて決めてあげる。一人前の大人になるために、子どもは大人が決めたことに従っていればいい。そういう考え方に傾いているときです。

　"子どもにとってよいこと"と思い込んでいることは、実は"子どもにはこうあってほしい""子どもはこうあるべきだ"という大人の期待や願望、あるいは大人の都合である場合がほとんどです。

　子どもを思うばかりに期待や願望を抱くことや、忙しい中で大人の都合が優先してしまうことは、どんなに学んでいても誰にでも起こりうることです。あせったり、苛立ったりした瞬間に、子どもに対して思わず冷たい態度をとってしまった、思わず強く言ってしまった、それは私にも起こりうることです。

　適切な保育を完璧に実施することもまた不可能です。だからこそ、「あの言い方どうだったかな？」「この言い方どうだったかな？」と実践を振り返る姿勢をもち続けたいものです。

　これは、子どものためだけでしょうか？

　私たちが子どもを尊重し、愛情深くかかわることは、一方通行では終わりません。そのかかわりの先には必ず、子どもからの愛情が返ってきます。子どもの面白さに出会います。子どもの輝きを発見します。私たちの毎日を子どもたちが豊かにしてくれます。

　愛情深い保育は、愛情深い子どもを育てます。愛情深い子どもは、愛情深い大人となり、愛情深い社会を築いていきます。子どもを育むという営みは、未来の社会をつくっていくのだという誇りをもって、これからも一緒に学び合えたら嬉しいです。

NPO法人こども発達実践協議会

代表理事　河合清美

●編著者

菊地奈津美（きくち・なつみ）

こどもの王国保育園 西池袋園園長。聖徳大学児童学科卒業後、さいたま市および板橋区の公立保育園で7年間、保育士として勤務。その後、東京学芸大学学芸の森保育園にて主任保育士兼研究員として勤務。2017年にこどもの王国保育園を設立、現在に至る。YouTubeチャンネル「ちょび園長の保育・子育て応援TV」にて保育の情報を発信中。著書に『保育のあるあるなお悩みを一気に解決！0・1・2歳児担任のためのお仕事Q＆A 』(明治図書、2020年)、『楽しみながら成長できる保育リーダーの教科書』(中央法規出版、2021年)がある。

河合清美（かわい・きよみ）

NPO法人こども発達実践協議会代表理事、東京都認可保育園園長、星美学園短期大学特別講師。学校卒業後、神奈川県川崎市公立保育園、横浜市認可外保育園に勤務した後、横浜市にて社会福祉法人と認可保育園の立ち上げに携わる。主任保育士まで経験した後、株式会社運営の認可保育園に移り、保育士から園長となり6年を経験。2015年、一般社団法人教育文化振興会のアソシエートトレーナー認定を受ける。2016年、保護者と保育士に向けたサポートや学びの機会づくりをすべくNPO法人こども発達実践協議会を設立し、代表理事となる。現在は、東京都認可園園長を務めながら、豊富な現場経験を活かして保育実践や保育士コミュニケーション研修の講師として登壇。また各メディアを通じて、子育てアドバイザーとしても情報提供を行っている。Twitterアカウント『園長きよみ☆ぷちコラム☆（@petit_column）』のフォロワーは1万3000人。

●執筆者
菊地奈津美

（前掲）
はじめに、第1章、第2章はじめに、第3章第1節・第2節、資料

河合清美

（前掲）
コラム（第1章～第4章）、第2章第2節・第3節、第3章第3節・第4節、おわりに、資料

坂上裕子（さかがみ・ひろこ）

（青山学院大学教育人間科学部教授）
第2章第1節

青木一永（あおき・かずなが）

（社会福祉法人檸檬会副理事長・大阪総合保育大学非常勤講師）
第4章

（執筆順）

言葉かけから見直す「不適切な保育」脱却のススメ
保育者の意識改革と園としての取り組み

2023年9月10日　初　版　発　行

2024年4月25日　初版第3刷発行

編著者	菊地奈津美、河合清美
発行者	荘村明彦
発行所	中央法規出版株式会社
	〒110-0016　東京都台東区台東3-29-1 中央法規ビル
	Tel 03（6387）3196
	https://www.chuohoki.co.jp/
装丁	Boogie Design
イラスト	イチカワエリ
印刷・製本	株式会社ルナテック

定価はカバーに表示してあります。

ISBN978-4-8058-8929-9

本書の内容に関するご質問については、下記URLから「お問い合わせフォーム」にご入力いただきますようお願いいたします。
https://www.chuohoki.co.jp/contact/